从0到1
学做公司

张世平——著

中国致公出版社·北京

图书在版编目（CIP）数据

从0到1学做公司 / 张世平著. -- 北京：中国致公出版社，2024.6

ISBN 978-7-5145-2274-7

Ⅰ.①从… Ⅱ.①张… Ⅲ.①创业 Ⅳ.①F241.4

中国国家版本馆CIP数据核字（2024）第112308号

从0到1学做公司 / 张世平 著
CONG LING DAO YI XUEZUO GONGSI

出　　版	中国致公出版社
	（北京市朝阳区八里庄西里100号住邦2000大厦1号楼西区21层）
发　　行	中国致公出版社（010-66121708）
责任编辑	程　英
责任校对	魏志军
责任印制	冯蓓蓓
印　　刷	天津中印联印务有限公司
版　　次	2024年6月第1版
印　　次	2024年6月第1次印刷
开　　本	710mm×1000mm　1/16
印　　张	15
字　　数	204千字
书　　号	ISBN 978-7-5145-2274-7
定　　价	59.80元

（版权所有，盗版必究，举报电话：010-82259658）

（如发现印装质量问题，请寄本公司调换，电话：010-82259658）

随着社会不断发展,"创业"这一曾经多少次引起人们关注的词语,近年来再次迅速升至超级热门词汇。如果听前辈讲,创业就是几句话,作为新手的你即便听了一般也会感到迷惑不解;如果听培训讲师讲,创业就是一堆生僻字词,会让你觉得更加晦涩难懂。那么,到底何为创业呢?

从表面意思看,"创业"无非就是"开创一番事业"。可是如何开创,从何入手,创业过程中应该注意哪些问题……应该说,创业说起来激动人心,可实际做起来困难重重,就跟你一个人驾船出海的感受一样,面对困难和迷茫,你不仅会感到无助与无奈,最初的狂热与激情也会荡然无存。所以,在创业起步时,你一定要考虑周全,准备工作一定要做足,而且最主要的是思想上一定要做好充分的准备。

新手创业者会问:创业之初我们需要做些什么呢?进入创业的阵营后,以什么样的形象展现在世人面前最好呢?

确实,当今社会为人们创业提供了更加便利的机会。你创业要找项目,好办;你创业要找资金,好办;你创业要找顾客,也好办。毫不夸张地说,我们现在创业的环境,倘若日后回过头来看,你就会知道自己可以成功的机会其实非常多。

随着国家相关政策的出台,创业流程不断简化,创业的门槛也大大降低,比如注册公司,法律另有规定的除外,政府已取消最低注册资金限制,推出认缴制。可以说,任何具有民事行为能力的人都可以申请注册公司。

此外,我们现在已经全面进入互联网时代,互联网以超出我们想象的力量整合着信息。西方学者约翰·奈斯比特认为:"未来社会的权力来源不是少数人手中的金钱,而是多数人手中的信息。"从某种程度上来说，互联网从根本上解决了创业需要从更多人或更多渠道寻找信息的问题。同时，随着互联网金融的蓬勃发展，一定程度上解决了创业者资金不足的问题。也就是说，人们融资的渠道变得更多、更畅通。相较于以前来说，如果你现在有一个好的、切实可行的创业项目，而且你有着不错的信用记录，那么很多互联网金融企业都乐于把钱贷给你。

尽管如此，创业真的像刚才说的那样容易吗？当然不是！创业的艰辛是一般人很难想象到的，创业的风险也很难被预见到。所以说，想要规避风险，创业成功，创业者不仅需要懂业务，还要懂管理、懂商业、懂财务、懂人情世故、懂得妥协、懂得坚持、懂得自我改变等。正因为这样，创业对一个人的综合素质有着极高的要求。换句话说，如果你不愿为创业而让自己去懂这么多，那么创业可能不太适合你，更适合你的不过是一份实实在在的工作，不需要你为之"牵肠挂肚"。所以，那些崇尚极简生活、不想走创业这条路的人，无须勉强自己，只要按照自己的方式去生活就可以。

说到创业的难度，只能用"创业维艰"来形容。如果选择了这条路，无论结果如何，你都已经在格局上超越了大部分的上班族。对创业者来说，你的工作时间和工作精力不可能按部就班，你每天的活动范围也不是"两点一线"，你每天思考的也不能局限在日常事务性内容上。总而言之，前瞻性是创业者必须具备的。

或许为了最初的创业梦想，你抵押了自己的住房，遭受着来自亲朋好友的白眼，面临着各种经营的问题。要知道，即便世界 500 强的企业创始人，也都有过这样的经历，甚至有些人当初的境况远不如现在的你。

企业不分大小，但对领导者的要求是一样的。随着时代的发展，未来的商业领域"没有了'老板'，只有企业'领袖'"。从这角度来看，创业也是塑造企业领袖的过程。一名合格的企业领袖，要具备战略眼光和战略思想，既能对市场信息进行收集和分析，又能对市场未来的发展进行预测和判断，也就是可以做到"正确地迈开第一步，准确把握前进的路，有效避开风险的崖，清楚看到未来的果"。

创业的另一个重要问题就是创业合伙人之间的合作和管理。创业找合伙人如同谈恋爱找对象一样，大家一定要有相同的志向、相同的目标、能合作的品性和共同的起点。合作是前提，管理是过程，绝对不能把二者混淆，不能因为是合作关系而忽略了管理。这就要求创业合伙人在创业初期制定明确的管理规则。

需要特别指出的一点是，创业初期的团队建设也很重要。管理层的核心成员最好不少于三个人，以便形成管理的三角安全稳定体制，防止出现决策的"一言堂"和对问题看法不周全，导致企业发展出现偏差。在招聘员工时，对学历和能力的要求不宜太苛刻，只要人品好，愿意与公司共同成长、同甘共苦，都可以将其作为聘用对象。目前商场流行一种新的观点——未来企业"没有员工，只有合作伙伴"。简单地说，员工的角色逐渐从单纯的打工者变成共同承担公司业绩的合伙人。因此，对员工的管理和待遇也应与时俱进，顺应时代发展的要求。

总之，要想从0到1做好一家公司，不是任何人都能做到的。它对创业者的要求从大到小、从宏观到微观，涉及方方面面。只有为创业这件事全身心投入和付出的人，才终有把公司做大做强的那一天。

目 录

第一章 创业黄金时代，怎样迈出第一步

创业有风险，你真的想好了吗 / 002
做好创业计划书 / 005
创业所需的六大精神要素 / 007

第二章 选好合伙人，看能力更要看人品

对合伙人要有全面、透彻的了解 / 022
如何建立一支高效的团队 / 024
创业合伙人的股权如何划分 / 026

第三章 新公司注册需要注意哪些事项

"五证合一、一照一码"登记制度 / 030
"五证合一"后新公司的注册流程 / 032

第四章 加强文化管理，彰显公司内涵

微软公司自上而下的热忱投入 / 036
宝洁公司的"一页备忘录" / 038
海尔和它的 SBU / 040
沃尔玛"今日事，今日毕" / 042

1

第五章　投资管理要适当，为资金把脉

产业资本与金融资本的结合 / 046
单一化还是多元化，公司发展不能盲从 / 048
避免掉进合资的陷阱 / 053

第六章　战略管理是公司盈利的前提

制定一个清晰的战略，注意规避隐患 / 058
超越"不可能"的目标 / 059
处理好发展与循序渐进的关系 / 062
公司发展到中期要克服的"六个盲目" / 063

第七章　公司发展的王道是绝对保证产品质量

树立高标准的产品质量观 / 068
不被超越的法宝是精益求精 / 070
追求完美要永无止境 / 072
以质取胜，才能将投诉降为零 / 074

第八章　采购做得好，公司效益才会高

采购要考虑总体成本，而不仅仅是价格 / 078
集中采购可以形成"规模效应" / 080
适时采用"反拍卖技术" / 083
研发公司产品的替代材料 / 085

第九章　形成特色，才能在市场上占有一席之地

市场细分是战略的重要前提 / 088
专属概念的公众效应 / 091
多元化不仅是机遇也是陷阱 / 094

第十章　重视宣传管理，能给公司带来无形收入

先定位，再逐渐提升公司的知名度 / 098
给公司设定一个崇高的使命 / 101
公益活动是公司扬名的一种有效途径 / 102
通过公关维护公司形象 / 104
赢得顾客的支持 / 106

第十一章　提升竞争力，是从市场中脱颖而出的唯一选择

提高盈利能力才有资格谈竞争 / 110
做好公司竞争能力的统计和分析 / 112
树立良好竞争心态，多了解竞争对手 / 116
公司成长的秘密是合作 / 119

第十二章　如何做，客户才能对你足够忠诚

以诚为本，主动培养忠诚客户 / 122
加大对老客户的投资力度 / 125
学会引导新客户的期望值 / 128
最好的服务是不需要服务 / 131

第十三章　决策管理的好坏决定着公司经营的成败

从全局出发，借用众人智慧果断地做决策 / 134

决策一定要科学、正确，千万不能感情用事 / 135

进行决策时需要注意哪些问题 / 138

第十四章　为自己争取最大的利润空间

谈判的原则和策略 / 142

把握最佳的谈判时机 / 146

巧妙应对谈判中出现的僵局 / 148

掌握快速达成协议的技巧 / 150

第十五章　为产品架桥铺路的渠道管理

适当简化供应链上的环节 / 154

促销规范是控制价格的关键 / 157

让渠道与公司一起赢得竞争的胜利 / 160

多多利用 20/80 法则 / 163

第十六章　防微杜渐，谨慎经营

用好专利的进攻战略和防守战略 / 166

重视合同中的每一个细节 / 168

避免招惹税务上的麻烦 / 170

出现债务纠纷，及时寻找原因并解决 / 172

第十七章　公司运转的基石——融资管理

掌控股权有利于抓住公司根本 / 176
上市是一把双刃剑 / 178
"马太效应"——让强者更强 / 181

第十八章　成为"不倒翁"有方法

不断创新，与时俱进，公司才能长盛不衰 / 184
敢闯敢干才有机会创新 / 186
让创新意识在员工的心中生根发芽 / 188

第十九章　优秀的员工是公司无限利润的源泉

打造最佳的搭档 / 190
能力比学历重要 / 193
绩效考核，人尽其才 / 196

第二十章　沟通可以提升绩效

倾听员工的声音 / 200
用平等的态度与员工交流 / 204
说服下属有技巧 / 207
给员工说话的机会 / 210

第二十一章　理智应对，危机背后是转机

临危不惧，冷静应对 / 214
勇于承担责任，化危机为转机 / 216
危机也可以转为商机 / 219
防微杜渐，防患未然 / 221
决策不但要正确，还要警觉 / 223

第一章

创业黄金时代,怎样迈出第一步

创业有风险，你真的想好了吗

一般来说，创业是指凭借自身的努力，对资源进行优化、整合、创新，从而创造价值和财富的过程；而就业是指获得工作机会，通过付出劳动而获取报酬的过程。相对而言，创业所取得的财富远远超过就业所得，但创业中存在的风险同样更高一些。因此，面对如此艰辛并充满变数的创业，内心充满创业期望的你是否充分认清了自己的现状，并做足了应对可能出现的风险和问题的一切准备？

首先，我们来看看创业中存在哪些风险。

在远古时期，渔民们每次出海之前都会进行祈祷，希望神灵能保佑自己，让自己在出海的过程中不遇到任何危险，并且满载而归。他们知道，在出海打鱼的时候，"风"就代表着"险"，由此可见：

风险具有普遍性——它存在于出海的全部过程中；

风险具有客观性——它是人力所无法抗拒的；

风险具有损失性——每次遇到"风险"都有可能让渔民一无所获，甚至葬身大海；

风险具有不确定性——不是每次出海都会遇到"风险"，并且发生的结果不一定每次都相同；

风险具有社会性——它存在于出海这项社会活动中，进而我们可以推论出，风险普遍存在于所有的社会活动当中。

也就是说，创业过程中也会遇到风险，而且它很有可能让你的努力付诸流水。尽管如此，仍然有无数创业者为了成功彼端那无尽的山花烂漫而义无反顾。所以，创业过程中如何规避风险成了永恒的话题。

风险按照发生的原因，可以划分为自然风险、社会风险和经济风险。

1. 自然风险

自然风险是指由于自然因素的不规则变化而导致的风险。虽然创办公司本身更强调一种社会行为，是人与人之间的交往，但在创办和经营过程中，仍然不能忽视自然风险。尽管它是人力所无法控制的，且发生的概率极低。

2. 社会风险

社会风险是指个人或团体在社会上的行为而导致的风险。这类风险在创办公司的过程中是普遍存在的，但如果有细致周详的计划，可以做到人为规避。

3. 经济风险

经济风险是指经济活动过程中受市场因素影响或者因经营不善而造成经济损失的风险，是最易发生、最难规避的。创办和经营公司随时会遇到各类经济风险，大到金融政策风云变幻，小到各项支出是否合理。作为管理者，只能在能力范围内做到事前预测和事后补救，根本无法抗拒其发生。所以，创办公司前选择安全系数高的创业项目，制订详尽的创业计划，也是降低经济风险的好方法。

当然，除了认识风险、规避风险，公司的成功与发展也离不开创业者的素养。

对于一家公司而言，创业者如同掌舵手，公司能否顺利实现盈利，主要取决于创业者的修养和能力。事实证明，那些充分了解自我的创业者不仅能看到自己的优点、长处，同时也能看清自己的缺点、短板，从而在经营公司的过程中懂得趋利避害，让公司更快、更稳、更好地发展。

做好创业计划书

创办公司是一项既耗资又耗神的系统工程，为了确保最后的成功，创业者需要在公司创立之初制订一份详细的计划书，通过对选取项目的内部和外部因素进行研究、分析，全面展示公司当前状况、未来发展潜力以及将要采取的具体实施步骤。这也是西方一些经济发达国家创业实训的通行做法。

对于创办公司的人而言，一份详细的计划书特别重要。因为项目在酝酿的过程中往往十分简单、易操作，列入计划书时则可以把利弊形成书面材料，逐条推敲，这样一来就能对选取的项目有更全面、清晰的认识。可以说，一份成功的计划书首先能把计划要创办的公司项目推销给创业者自己。

一般情况下，筹集资金是计划书最主要的内容，因此，计划书中通常必须说明以下两点：

（1）创建公司的目的——为何要冒着风险，花费时间、精力、资金及资源去创建公司？

（2）创建一家公司需要投入的资金是多少？为何需要这么多资金？有哪些理由让投资人心甘情愿为你投资？

对刚刚成立的公司来说，计划书的作用还在于，既可以给公司的未来指明具体的发展方向和发展重点，又能让员工对公司的经营目标有所了解，并对他们产生极大的激励作用，让他们为了完成共同的目标而不懈努力。更重要的是，计划书给投资者提供了充足的信息，让他们对你有信心，也认可你的项目，从而心甘情愿地注入资金，为公司的进一步发展提供更多的财力支持。那么，怎样才能制订出一份详细、有效的计划书呢？

1. 关注产品

计划书中应该提供一切和公司产品有关的细节，包括所做的一系列调查。比如，产品正处在怎样的发展阶段？它有什么独特性？如何分销产品？什么人会关注公司的产品？产品的生产需要多少成本？售价多少合适？……投资人只有明晰公司的产品或服务，发现新的利益增长点，才会产生兴趣。需要注意的是，创业者在计划书中的用词宜简单、通俗易懂。因为公司产品对创业者来说是非常明确的，而投资人却不一定十分清楚，所以制订计划书的目的之一也是为了让投资人相信公司的产品会产生经济效益，且具有一定的社会价值或能产生重要的社会影响，同时也让他们相信公司有能力生产出产品，并能保证产品质量。总而言之，计划书要让投资人看了之后发出"这种产品确实不错""影响的确广泛"的感慨。

2. 敢于竞争

创业者要细致入微地分析竞争对手的情况，包括他们可能给自己公司带来哪些风险，以及自己将采取什么样的措施去应对。比如，竞争对手都有谁？他们的产品有哪些？与他们的产品相比，本公司的产品有哪些优势和劣势？他们采用了哪些营销策略？……有心的创业者还会更进一步地分析竞争对手的销售额、毛利润以及市场份额等，然后结合自己的优势，告诉投资人，顾客选择本公司产品的理由——产品质量更优、送货及时、定位清晰、价格合理等。同时也要让投资人明了：本公司不仅在同行业中有雄厚的竞争实力，更会努力朝着行业领先者的目标迈进。

第一章 创业黄金时代，怎样迈出第一步

创业所需的六大精神要素

创办一家公司，有些东西是物质所不能替代的，同时也是不可或缺的，那就是创业精神。创办公司的过程中会遇到各种各样无法预料的困难和问题，只有具备良好的创业精神，创业者才能勇敢面对、冷静解决，一步步迈向成功。

1. 梦想

古龙先生说："梦想绝不是梦，两者之间的差别通常都有一段非常值得人们深思的距离。"由此不难看出，我们对某种事物的憧憬与渴望不应该是虚幻的、不切合实际的。而且我们付诸行动追求梦想时，梦想往往最终能产生积极的推动作用。

福特小的时候在农场帮父亲干活，面对各种繁重的工作，有一天，他开始构思一种机器，让它能够代替人和牲畜来完成体力劳动。自此，他的梦想便是成为一名出色的机械师，并且他坚信自己可以做到。于是，他一边在农场帮父亲干活，一边利用业余时间学习机械方面的知识。一年后，他完成了别人需要三年时间才能够完成的机械训练学习，之后又花了两年时间研究蒸汽原理，不断朝着他的梦想前进。

终于，他的创意被大发明家爱迪生所欣赏，并邀请他到底特律担任工程师。又经过十年的刻苦钻研，福特终于成功地制造出了自己的第一辆汽车。

不得不说，成功的创业者擅长发现商机，之所以能够如此，是因为他们怀揣梦想，并在梦想的引领下不断找寻、捕捉机遇，甚至将机遇变成一直以来追求的事业。

魏乐大学二年级时在学校的英语角练习口语，接触到了"自然英语"语音软件，使用一段时间后，他发现这个软件具有很大的市场潜力。于是，魏乐和该语音软件公司签订协议，协议规定，如果他把广州其他本产品经销商积压的货全部卖完，公司就把整个广州高校的代理权交给他。魏乐如约履行了协议，因此所获得的回报也成了魏乐人生的第一桶金。

大学毕业后，魏乐偶然接触到了桌面游戏。第二年，经过反复考察，魏乐与四个伙伴共同出资注册了天津得宁企业管理咨询有限公司。经过不断努力，这家天津市规模最大的桌游俱乐部快速发展壮大起来；又经过一年多的发展，先后成立了OK多媒体传媒与麦斯格调设计两家分公司。

如今，魏乐依然在为他的梦想而奋斗——以桌游为载体，把公司打造成一个集休闲娱乐、素质拓展、团队培训、亲子教育为一体的全国连锁俱乐部，向世人展示自己企业的独特文化。

所谓梦想，实际上是我们对自己的一个承诺。对创业者来说，创办公司并取得成功是十分艰辛的，因此在踏上这条路之前一定要考虑可能出现的所有问题，即便认识不足，至少要做好为坚持梦想而应对困难的心理准备。

2. 信心

既然选择了创业这条道路，就要时刻保持自信，告诉自己：我相信我可以，我相信未来存在无限可能。只有这样，才能给自己勇往直前的勇气和动力。

在商场上叱咤风云的阿里巴巴 CEO 马云曾有过三次创业经历。

第一次是创办海博翻译社。创业初始，举步维艰，一个月下来，翻译社所有人的收入加起来才 700 元，而那个时候每个月仅房租就要 2400 元。即便如此，马云也相信自己终会取得成功，没有放弃。接下来的三年时间里，马云靠贩卖小商品赚的钱维持翻译社的正常运营。功夫不负有心人，1995 年，翻译社终于开始实现盈利。时至今日，海博翻译社已成为杭州最大的专业翻译机构。

第二次是创办中国黄页。马云的一次美国之旅让他意识到了互联网的潜力，回国后，他变卖翻译社的所有办公家具，又找亲朋好友借钱凑了 8 万元，再加上另外两个朋友投资的 2 万元，马云用这 10 万元创办了国内最早的互联网公司之一——中国黄页。创办初期，开支很大，业务却极少，最惨淡的时候，公司银行账户上只有 200 元。但马云有信心，克服了各种各样的困难，终于使营业额从零上升到了几百万元。

第三次是创办阿里巴巴。1999 年，中国的互联网已经进入了蓬勃发展的状态，马云和朋友用东拼西凑的 50 万元开始了阿里巴巴的创业之旅。公司成立后，为了节省开支，不管是谁外出办事从来都是步行。而且面对各种不期而遇的困难，马云和他的团队成员始终坚信会有成功的那一天。终于，2007 年 11 月 6 日，阿里巴巴在香港联交所上市，市值200亿美元，成为当时国内市值最大的互联网公司。

海伦·凯勒说："信心是命运的主宰。"马云坚定的信心使他成为自己命运的主宰者，他的经历启示我们：创业道路上势必会遇到各种各样的困难，无论如何，都要以实际为基础，正确认识，坚定信念。

江汉大学的小田利用课余时间在某咖啡馆打零工，渐渐地，他发现这个行业的利润十分可观。于是，大三这一年，他向几个同学借了2万元，在学校旁边开了个小规模的咖啡馆。由于学生的消费能力有限，咖啡馆的收益微乎其微，但小田依旧尽心经营，他相信咖啡馆的生意一定会慢慢好起来。毕业时，他对咖啡馆进行盘点，扣除成本之后，发现竟还有盈余，这下他当"老板"的信心就更足了。

毕业后，小田拿出3万元注册了一家快餐店，在一所大学附近租了一个店面，请了几个人帮忙，一切准备就绪后便开门营业。很多人都认为学生的客源量大，于是该所大学附近逐渐大小餐馆林立，竞争特别激烈。为了提高自己的竞争力，小田每天早出晚归，专门给那些为了省出时间去自习和考研的同学送餐。由于饭菜可口、价格合理、送餐及时，再加上小田头脑灵活、善于交际，没过多久，快餐店的客源逐渐稳固，生意蒸蒸日上，每个月基本有5000元左右的纯利润。

面对众多的竞争对手，小田无所畏惧，积极应对，想办法占有市场。现实生活中，我们时常会听身边的人说："看人家一个个开公司都成功了，我也特别想创业，但就是底气不足。"这种所谓的"底气不足"其实就是缺乏胆识和自信。无论马云还是案例中的小田，都证明了一点：创业之初不一定有雄厚的资本，只要创业者有胆识、信心足，终会克服一切困难，开启成功的大门。

3. 冒险

不管创办什么样的公司都必须遵守物竞天择的自然规律——产品的汰旧换新既是为了延续公司的生命力，也是公司与时俱进的必经之路。由此可见，领导者要具有前瞻性的眼光和思维，或者说，领导者独到的眼光和勇于冒险的魄力是公司打破混沌、生存下去的关键。

周枫做婷美这个项目时，两年内将500万元的项目资金花掉了440万元，结果钱也花了，事也做了，可还是没有达到预期的效果。合作伙伴对这个项目纷纷失去信心，建议周枫把它卖掉。可周枫认为一旦打开市场，婷美的发展前景会一片大好。最后，周枫被迫独自承担这个项目，不仅放弃了当时自己所有的个人利益，还抵押了自己的房子，找朋友凑了300万元，带着23名员工，继续婷美之梦。

起初，周枫把5万元存入公司账户，作为投资婷美失败后员工们的最后一笔工资。周枫此举令很多员工动容。剩下的钱，周枫设想着先在北京打广告，于是从当年的11月初到12月底，各媒体大力宣传婷美。与此同时，员工们也都打起精神，使出浑身解数推销产品。终于，婷美没有辜负他们，成功地占领市场。周枫眨眼间拥有亿万资产，跟他一起打拼的23名员工也都身价倍增。

周枫对婷美潜在价值的肯定让他孤注一掷，他的这种冒险精神成为婷美人取得成功的金钥匙。周枫的成功也证明了一点，即冒险精神在造就一位成功的公司领导者的同时，也能成就一个品牌。

美国的3M公司有这样一个口号："为了发现王子，你必须和无数只青蛙接吻。"在这里,"接吻青蛙"就意味着冒险和失败,但如果不这样做,就永远无法"发现王子"。

调查显示,大部分有创业想法的人因缺乏冒险精神导致创业计划夭折,甚至有人发出"现在创业要面对的事情太多,想都不敢想"的感叹。所以,对有创业想法的人来说,如果你害怕冒险或无法承受创业可能带来的失败,那就选择别干。

王传福21岁大学毕业后进入北京有色金属研究院,短短五年时间他就被破格提拔为副主任。第二年,研究院在深圳成立了比格电池有限公司,他又被委以公司总经理的重任。

有了一定的经营和技术经验后,眼光独到的王传福认为,技术不是大问题,只要能形成规模,就能干出一番大事业。于是,在事业蒸蒸日上的时候,他做出了一个令所有人不解的决定——脱离原国有企业单干,创办比亚迪公司。

当时的市场是日本充电电池一枝独秀,王传福只能利用人力资源成本低的优势逐步打开低端市场。经过不断努力,比亚迪以整体成本比日本同行低40%的优势成功进入高端市场,争取到大的行业用户和大额订单。

1996年,比亚迪接替三洋,成为台湾无绳电话制造商大霸的电池供应商。随后,比亚迪欧洲分公司、美国分公司相继成立。2000年,为了尽快拥有自己的核心技术,王传福将大量资金运用到锂电池的研发上,并很快成为摩托罗拉在中国的第一个锂电池供应商。

截至2008年,比亚迪在镍镉电池以及锂电池领域都是全球排名第一,镍氢电池领域排名第二。

王传福用铁一样的事实证明了"贫贱最安稳，富贵险中求"这句话。可见，没有谁的成功是一帆风顺的，必然要具备冒险的精神、经历艰苦的磨炼。

对创业者来说，最大的危险就是不敢冒险。实际上，选择创业本身就是一场冒险行为。在这里我们鼓励冒险，但绝不是让创业者蛮干，而是在做出冒险决策之前，要明了胜算的大小，如果一点儿胜算的把握都没有，仅凭胆大盲目下注，那么损失就会更大，离成功也会更远。

4. 坚持

"不积跬步，无以至千里；不积小流，无以成江海。"道理十分简单，说起来也很容易被人接受，但实际能够做到的人少之又少。

有一个年轻人去一家跨国公司应聘，因为公司没有刊登招聘信息，所以总经理对他的到来感到十分诧异。见年轻人操着一口不太流利的英语解释说自己路过这里，便贸然进来了，总经理感到很新鲜，于是破例面试他一次。不出意料，年轻人的表现非常差。事后，他对总经理说，自己没有做好充分的准备。总经理觉得他不过是想给自己一个台阶下，就顺着他说："那就等你做好充分的准备之后再来吧。"

过了一个星期，年轻人再次来到这家公司。尽管这次他依旧失败了，但比起上一次，他的表现要好很多。总经理的回答跟上次一样："等你做好充分的准备之后再来吧。"

就这样，这个年轻人先后几次来公司面试，而最终的结果是他被公司录取了，并且成了公司重点培养的对象。

很多时候，我们遇到一次挫折就产生了畏惧心理，为了不让自己再次失望，就失去再尝试一次的勇气。殊不知，往往再试一次，我们就会收获意想不到的结果；再坚持一下，我们就会到达胜利的彼岸。

　　1999年亚洲金融危机时，在台湾受重创的罗田安回到上海，接手自己于1992年投资的克莉丝汀。当时的克莉丝汀只有十几家连锁店铺，每年的营业额不到4000万元人民币，亏损严重。曾有知情人士如此评价克莉丝汀起初的发展："前7年走走停停，犹豫再三不敢坚持。"此次罗田安的接管给克莉丝汀带来了新的发展契机。

　　作为中国城市化发展最快的地区，上海当地人早已习惯消费西点，而且随着时间的推移，消费群体日益庞大。如果克莉丝汀把消费人群定位在中等偏上收入人群的话，恰恰可以解决这个行业门槛低、易陷入低价恶性竞争的问题。罗田安也深深地明白，要想做成连锁公司，必须达到一定规模才有可能赚钱，于是他顶住压力，边发展边开始了迅速扩张之路。事实证明，罗田安的策略是正确的，以至于后期发展过程中，平均6天就有一家克莉丝汀饼屋诞生。经过持续不断地努力，克莉丝汀的规模越来越大，甚至出现过每天有32万只面包、1万只裱花蛋糕被分送到460家门店，到晚上8点左右几乎销售一空的盛况。

　　"西点国王"罗田安以及他认准道路便勇往直前的精神，最终让曾经连年亏损的克莉丝汀稳稳坐在了"三角洲地区最大的西点连锁公司"这把交椅上。

　　创业过程中存在很多不确定性，唯有找准方向并坚持做下去，才有可能获得回报。所以，社会阅历不足、信心易产生动摇的年轻创业者，在面临公司发展遭遇重重阻力或者瓶颈时，不妨效仿罗田安持之以恒的精神，因为只有坚持不放弃才是逆流而上、冲破藩篱、取得成功的最直接的方法。

5. 自律

一个创业者是否合格，并不是说他任何时候做出的决策都是正确的，关键要看公司陷入困境时他如何应对。成功的创业者，从来不文过饰非，不怨天尤人，不回避，不逃脱，而是审时度势，自强自律，努力寻求解决之道，从而战胜困难，渡过危机。

刘小波在金山湖大朗肚高价拿地，使隆生成为惠州轰动一时的"地王"。然而金山湖花园建设期间，"高地价"遇上"高造价"，更为致命的是，刚进入全面施工，房地产行业就遭遇政策调整，楼市一片低迷。

刘小波在《写在金山湖开盘之际》这篇文章中说，"隆生当初拿地，并非很理性的抉择，但是既然决定做出了，我们就应该对自己的行为负责，义无反顾地把事情做好。"施工期间，刘小波反复对同事们讲，不要计较赚多赚少，要从为惠州人民建买得起、住得起的好房子这一理念出发，把金山湖花园建成惠州南部新城住宅小区的标杆建筑。

不难想象，在政策、时间、环境等多重不利因素下建设金山湖花园，刘小波和他的团队需要克服多少艰辛和波折。尽管如此，整个项目最后还是一气呵成，高标准完工，并在惠州房地产开发史上创造出了许多个第一次。更重要的意义在于，它向世人展示了隆生雄厚的开发实力，以及刘小波把"地王"这块金字招牌做精、做细的决心。

刘小波的自律是隆生渡过难关的诀窍，同时，它也必将成为刘小波和隆生未来发展中披荆斩棘的利器。所以说，创业者自律自省，时时保持头脑清醒，不断反思问题所在是十分重要的。只有这样，创业者才能在风云莫测的商海中平稳前行。

如今的一些年轻人虽然对未来充满无限希望，但由于社会经验不足，往往盲目乐观，缺乏足够的心理准备，所以在创办公司的过程中，他们无法端正自己的心态来面对挫折和失败，也无法做到自律和自省。

> 小李毕业后在一家公司当文员。一个偶然的机会，小李看上了一个投资小、回报快的项目——风味灌汤包。于是小李辞去文员的工作，把自己之前的存款拿出来，又跟亲戚朋友借了一些，凑了4万多元，打算用这些钱做本金，开一家灌汤包小吃店。店面选好了，又经过一番装潢，小店终于开张了。
>
> 营业之初，小店的生意还算红火，每天客流量都非常大。渐渐地，有人发现风味灌汤包小本大利，于是灌汤包小吃店如雨后春笋般出现在大街小巷，光顾小李灌汤包店的顾客的数量明显减少。在朋友的建议下，小李扩大营业范围，增加其他品种的风味小吃。即便如此，小李的生意仍旧没有什么起色。
>
> 连续亏损三个月后，小李慌了手脚，为了防止出现更为严重的损失，他赶紧停业。还清借款之后，小李赔了1万多元。从此以后，小李再也没有选择创业，而是找了一家单位，安心地打工。

小李创业失败的经历从反面证明了自律的重要性。实际上，小李的失败并不完全取决于竞争危机，而在于危机出现时小李没有自律、自省，正确评估自己的优势和劣势，而是盲目地听从了朋友的建议，试图通过增加经营项目摆脱困境，这种病急乱投医的做法注定他会失败。

无论是刘小波的成功还是小李的失败，自律的重要性由此可见一斑。

6. 学习

很多人可能会说，不是怀揣梦想就可以成功了么？不是坚持不懈就可以成功了么？不是自信、自律就可以成功了么？要知道，这些不是成功所需要的全部，它们只不过是冰山一角罢了。创业本身是一个极其庞杂的大系统，它的运行由无数大大小小的具体事件组成，当我们具备了必需的精神和品质后，依旧需要低下头解决创业过程中出现的一个个实际问题。在解决问题的过程中，当发现自己所具备的某种专业技能并不足以支持我们完成整个创业计划时，我们就要通过学习来丰富相关方面的知识，充实完善自己。

范恩军高中毕业后没有在山东老家找到合适的工作，凭着一股子倔强劲，他决定找个合适的项目，自己创业。

1990年，一个偶然的机会，范恩军听了一次服装裁剪课，从此他便对服装制作产生了浓厚的兴趣。于是，他开始利用闲暇时间系统地学习服装制作课程。同年冬天，他做起了服装培训班的代课老师。第一次走上讲台，面对台下的众多学员，他十分紧张，原本应该两个小时讲完的课程他用了15分钟就匆匆讲完了。事后，范恩军深深意识到自己之前学的东西太浅了，于是他先专心听老师讲专业知识，细细消化之后，再将所学的东西以及自己的感悟分享给学员。不断的努力终于获得了回报，范恩军的课广受学员们的好评。第二年，范恩军用当代课老师挣到的钱办起了自己的服装厂，他还抓住时机向园林绿化、医疗、广告等领域发展，最终闯出了一条属于自己的成功之路。

虽然工作繁忙，但范恩军始终没忘记过学习，他先后在山东大学和天津大学攻读本科、工商管理硕士以及博士研究生。他曾坦言道，只有不断地学习，才能让公司保持长期发展的势头。

可见，学习—创新—再学习—再创新，这是一个永无止境的过程，是每一位成功者都必须经历的，与此同时，它也是促进公司发展的根本动力。就如范恩军所说，只有不断地学习，才能让公司保持长期发展的势头。

受父母的影响，刘乐天从小就想要拥有一家自己的餐饮店。为了了解餐饮业的一些经营"门道"，上高中的时候，他利用寒暑假的时间去饭店打零工积累经验，并且觉得要想经营好餐饮店，还需要学习专业的知识，于是高考填报志愿时，他毅然选择了正规院校的酒店管理专业。

大学毕业后，刘乐天为了把理论和实际结合起来，到生意比较火的饭店做传菜员。这样一来，他不但能接触到后厨，还能了解餐厅里的状况，更有利于研究和把握整个餐饮业的发展思路和方向。

经过一年的学习，刘乐天感觉时机成熟，精心准备一番，同年8月，乐天馅食粥馆终于开业了。出乎意料的是，开门营业第一天就发生了意外状况——包好的饺子没有分类，煮出来之后放在一起，服务员分不出哪盘是什么馅的，结果送错了，顾客不是要求退钱就是要求重做。刘乐天赶紧到前厅安抚顾客，没想到就在这时候，后厅的电线又出了问题……

送走最后一拨顾客，刘乐天赶紧到附近的文印店打印了专门的分类标签，又请来专业电工对店里的线路进行全面检修，并规范制度，责任到人。

就这样，刘乐天一边经营一边学习管理，月底统计营业额时，虽然只有1000多元的利润，但刘乐天依然感到高兴，因为他觉得继续做下去自己还是有希望的。经过不断努力和学习，乐天馅食粥馆渐渐走上正轨，不仅制度完善，而且品种齐全，能够满足不同顾客的需求。

最重要的是，乐天馅食粥馆的经营利润呈逐月上升趋势。

学习不单是知识的增加或创新变革的积累，更是经营管理本身不断健全的根本途径。如果说成功是一座摩天大厦，那么发现问题、解决问题的过程就是学习如何让它变得更加坚实、稳固。所以，无论学习体现在哪个环节，都足以说明它在创业者基本素质中所占据的重要性。

第二章

选好合伙人，
看能力更要看人品

对合伙人要有全面、透彻的了解

无论是谁,一般很难及时察觉到自身存在的盲点。创业者更是如此,其精力、时间、能力都具有很大的局限性。鉴于此,选择一个对的合伙人不仅能够帮助你及早发现问题,弥补自身的不足,还能跟你一起面对创业路上遇到的风雨坎坷,帮你顺利渡过每一个难关。

雷军说,创业初期,他把百分之七八十的时间都用在了寻找合伙人上。而且他的目标很明确,要找跟自己不一样的合伙人,他认为这样的话大家彼此间可以做到互补,或者说能成为彼此的"镜子"。

从雷军这儿不难发现,创业合伙并不是谁雇用谁,而是大家在一起,为了共同的目标,取长补短,各自贡献自己的一分力量,最终实现互利共赢。

那么,到底什么样的人才算是一个对的合伙人呢?

1. 合伙人要有良好的人品

创办公司的过程中总会遇到难题,这种时候,如果合伙人不能理解、包容、信任、彼此鼓励、同舟共济,而是满腹牢骚、动不动就吵着闹着要散伙,那么即便微不足道的困难都会成为翻不过去的火焰山,创办的公司也别想有更快、更好的发展。

2. 合伙人要跟自己的理念一致

这里所说的"理念"包括经营理念、价值观等。合伙人彼此之间理念不一致，很容易在沟通上产生分歧，严重时会对彼此失去信任，进而导致分道扬镳，甚或成为仇敌。所以说，只有合伙人跟自己的理念一致，大家才会为了共同的愿景而奋力拼搏。

3. 合伙人彼此之间的能力互补

在阿里巴巴的团队中，马云具备独特的思维模式、远见的眼光、超凡的语言天赋和沟通能力，美中不足的是，他并不了解相关的技术。不过，他的合伙人中却不乏技术高手，以及市场高手、运营高手。正是他们彼此之间能力的互补，成就了阿里巴巴如今的盛况。

综上所述，寻找到一个对的合伙人，跟寻找人生的伴侣一样，只有对合伙人有一个全面、透彻的了解，大家"情投意合"，才能免去创业路上的后顾之忧。

如何建立一支高效的团队

对创业者来说，在各种要素中，公司做大做强的前提是必须具备一支高效、有战斗力的团队。而且在这支团队中，少数的精英又是带动整个团队进步的重要力量。

李嘉诚的学识并不高，但他知人善任，这才将一个又破又旧的小厂发展成跨国集团公司。对此，李嘉诚表示："如果不是有众多的人才为我办事，就算我有三头六臂，也难以应付这么多的事情。所以成就事业的关键就是要拥有一支高效的团队，协助你的工作，这便是我的成功哲学。"

公司起步阶段，为了给员工树立好的榜样，李嘉诚亲自带头冲在最前面，慢慢增强了团队的凝聚力。接下来，他提拔了当时身为员工的盛颂声跟周千和，盛颂声管生产，周千和管财务。他们的鼎力协助使公司短时间内迅速发展壮大，二人自此开始备受重用。公司其他员工看在眼里，也纷纷严格要求自己，兢兢业业，使公司在几个月的时间里又迈上了一个新的台阶。

李嘉诚的成功在于，他组建了一支极佳的合作团队，彼此分工协作、有条不紊。尤其值得称道的是，在团队协作奋斗的十多年里，高管的流失率不足1%，比香港任何一家公司都少得多。

除了李嘉诚，联想集团总裁柳传志也十分看重团队的力量。20世纪80年代初,他就向科学家倪光南发出邀请,并说服他加入联想,从而大大提升了团队的科技实力,最终将"联想汉卡"与"联想微机"研发出来,促进了联想最初的发展。后来,深谋远虑的柳传志又多次前往香港,利用吕谭平掌握的资源与人脉,为联想构建出合适的制度架构。

柳传志任人唯贤,使联想长时间以来都不缺乏出众的人才。而且公司每每遭遇危机时,柳传志总能从团队中找到最为适合的人,更快、更有效地把问题给解决掉。他曾先后提拔孙宏斌、杨元庆和郭为等人,这些人也都没有辜负柳传志的信任,凭借敢打敢拼的劲,逐渐让联想成为中国IT行业的领军者。

带好一个团队,难;建立一支高效的团队,更难。李嘉诚和柳传志的成功虽然不能复制,但可以从中学得一二。比如一些新起的中小型公司,领导者要善于跟团队成员沟通,同时也要对某方面表现特别优秀的人委以重任,让他们用自己的激情去带动整个团队,从而促进公司的发展。只有做到人尽其才,才能促使每一个人最大限度地发挥自己的潜能,早日实现共同的目标和利益。

一个人的智慧和精力是有限的,要想成就一番辉煌的事业,无论是创业者还是高管人员,必须懂得借助关键、少数的人去推动团队的整体发展。唯有如此,才能促进整个公司不断发展壮大——这也是众多公司成功发展的秘诀。

创业合伙人的股权如何划分

对于合伙创业的人而言,股权分配是一个难题,特别是在合伙人都缺乏创业经验的情况下,股权的分配不可能令所有创业合伙人都满意。

大多数情况下,创业合伙人之间往往是同事、朋友、亲戚的关系,所以在对各合伙人的价值与贡献进行确认时,一旦划分不当,就会导致彼此产生隔阂,甚至会伤了感情。其实,想要准确定位各个创业合伙人对公司的贡献,可以将以下几点作为参考:

1. 合伙人的职能分配情况

几个人合伙创业,首先要考虑公司运营需要哪些岗位,分别由谁来负责。当然,在某种特殊情况下,合伙人中总有一些需要身兼多职,或者有些项目在实际的开发中需要多个合伙人共同协作才能完成。

事实上,创业涉足的领域不同,公司创办后运营的侧重点自然也不一样。比如,有的是团队和管理层发挥主要作用,有的主要取决于产品与技术是否过硬,还有的主要看后期业务运营情况。因此,分配股权的时候,合伙人首先要确定哪些职位是决定公司命脉的。换句话说,可以将职能的轻重作为股权分配的权衡标准。

2. 合伙人的价值与贡献

几个人合伙创业，因为自身条件和优势不同，经常会出现以下情况：有的人资金实力雄厚，于是提供创业资本、解决办公场地；有的人技术过硬，于是负责产品的研发和售后服务；有的人手中有客户资源和销售渠道，于是负责市场开发……

迈克·莫耶在《切蛋糕：创业公司动态股权分配全案》这本书中提出，将创业合伙人的贡献按照市场价值估值的理念，即计算所有人贡献的总值，然后计算各合伙人贡献估值的比例，以此作为创业合伙人的持股比例。

这一理念的提出，从不同程度上解决了创业合伙人之间的股权分配问题。

3. 股权预留和动态调整

公司在实际运营过程中，可能会出现有些股东加大资金投入，有些股东中途退出，同时带走一部分资源或者技术的事。所以说，创业合伙人的价值和贡献不是一成不变的，是一个动态的变化。鉴于此，为了保持公司持久的生命力，也为了保障合伙人的共同利益，创业初期，合伙人应该在预留股权和调整空间方面达成一致，然后定期进行审查，随时对股权比例进行合理调整，并根据现实情况的变化，真正实现股权分配的公平与合理。

大量的实例说明，创业合伙人之间的股权划分是一门值得深思的艺术，不能对其进行精准的量化，毕竟其中牵扯了太多的利益与人的因素。但它又是合伙人创业初期必须面临的一个重大难题，只有公平、合理地将这一问题解决，合伙人才能携起手来，为着共同的目标而尽心尽力。

第三章

新公司注册
需要注意哪些事项

"五证合一、一照一码"登记制度

为了经济社会的持续健康发展以及便利企业，国家市场监督管理总局、国家发展和改革委员会、人力资源和社会保障部、国家统计局和国务院法制办公室联合发布了《关于贯彻落实〈国务院办公厅关于加快推进"五证合一"登记制度改革的通知〉的通知》，并明确要求自2016年10月1日起在全国范围内推行"五证合一、一照一码"的登记制度。

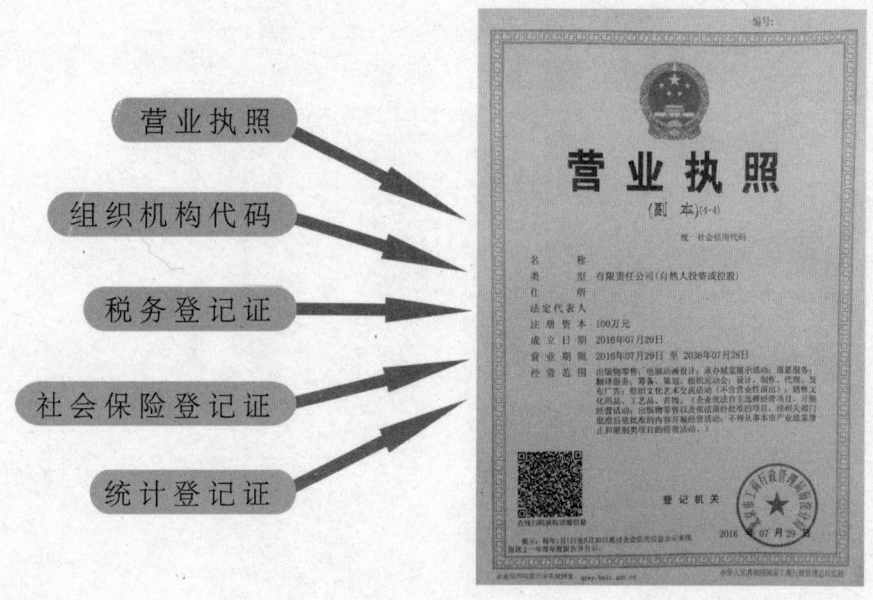

第三章 新公司注册需要注意哪些事项

所谓"五证",是指工商行政管理部门核发的营业执照、质量监督检验检疫部门核发的组织机构代码、税务部门核发的税务登记证、人力资源和社会保障部门核发的社会保险登记证、统计部门核发的统计登记证。"五证合一"登记制度施行后,注册公司只需一次申请,统一由登记部门直接核发加载统一社会信用代码的营业执照,不再另行办理社会保险登记证和统计登记证。办理相关事务时,如果需要提供公司证照,则一律使用"五证合一"后加载统一社会信用代码的营业执照办理。

还有一点值得注意的是,"五证合一、一照一码"是在"三证合一"的基础上纳入社会保险登记证和统计登记证,因此,之前已按照"三证合一"登记模式领取加载统一社会信用代码营业执照的企业,无须重新换领新的营业执照;尚未领取加载统一社会信用代码营业执照的企业,要在规定时间内到工商行政管理部门免费领取加载统一社会信用代码营业执照。

"五证合一"后新公司的注册流程

自从国家推行"五证合一"政策以后,注册公司的流程就大大简化了。然而,对于普通人而言,新公司的注册流程依旧是十分复杂的,不知道如何操作的。现在,我们以北京注册公司的流程为例来作介绍,帮助大家避免踩坑。

1. 公司核名(检查准备的新公司名字是否可用)

确定公司的类型、名称、注册地址和股东信息,在北京市市场监督管理局现场或者北京市企业服务e窗通平台线上提交核名申请。

若选择线上审核,具体流程如下:

(1)登录北京市企业服务e窗通平台。

(2)点击企业开办,进行下一步。

(3)点击立即办理,选择公司类型,除了公司名称、分支机构名称,还可以选择个体与其他诸如个独等机构的名称。

(4)起名,可以根据该形式提前准备几个,以免名字和其他企业重复。名字由行政区划、字号、行业特点和组织形式四部分组成,比如,北京黄瓜信息咨询有限公司,北京为行政区划,就是所属区域;黄瓜,是字号;信息咨询,是行业特点。

第三章　新公司注册需要注意哪些事项

（5）检查名称是否可用之后，填写主营业务。

（6）信息提交后，会依据你的主营业务对行业特点做出更改。

（7）继续填写补充信息，股东可以是自然人，也可以是公司或者其他机构，个人股东倘若只有一个股东，需要填写名字和身份证号，倘若有两个以上，那么只填写名字就可以了。

2. 申请营业执照（提供公司的法人、股东的身份证信息与地址产权证明等材料申请营业执照）

新公司的名称审核通过之后，法人及股东需要在北京企业登记 e 窗通 app 做实名认证。

3. 领取营业执照

审核通过之后，可以通过两种方式领取营业执照。

第一，经办人或者法人携带准予设立登记通知书、本人身份证原件，前往北京市市场监督管理局领取营业执照正、副本原件。

第二，登录北京市市场监督管理局网站申请邮寄方式领取营业执照正、副本原件。

4. 银行开户（前往银行办理公司的基本户）

需要提前把法人章刻制好，提前预约银行，法人到场，并且携带相关的材料（营业执照副本原件、法人身份证原件以及公司相关印章）。

5. 税务报到（税种核定与购买发票）

登录北京市电子税务局→税务信息确认→新版企业纳税人套餐模块，进入之后会自动跳转到北京市企业服务 e 窗通平台，将企业的相关信息填上即可。

第四章

加强文化管理,
彰显公司内涵

微软公司自上而下的热忱投入

事实证明，在职场中，领导对员工的影响是巨大的，有什么样的领导就会有什么样的员工。而公司的文化隐藏在每一个工作细节之中，员工对工作是否有激情完全取决于领导对工作是否有热忱。

微软公司刚刚成立不久，公司聘用了一位42岁的女秘书——米丽亚娜·露宝。她刚到公司的时候，这里的工作氛围让她大吃一惊，因为这些新同事居然全是工作狂，尤其是他们的老板比尔·盖茨。

身为秘书，在和比尔·盖茨朝夕相处的过程中，米丽亚娜·露宝发现他几乎每天都废寝忘食，甚至好几天都不离开自己的办公室，困了就睡在办公室的地板上。每次比尔·盖茨会客的时候，米丽亚娜更是盯紧时间，看差不多了，就主动地提醒他："比尔，你们快停一停，先吃饭吧，客人们可能都饿坏了。"

受公司工作氛围的感染，米丽亚娜主动承担起了大部分的管理工作。与此同时，她还尽量为那些程序编制人员提供舒适的工作环境，保证他们工作时拥有良好的心情。就这样，凭借所有人的热忱，微软公司的业务几乎遍及世界。

比尔·盖茨曾这样说道："每天早晨醒来，一想到所从事的工作和所开发的技术将会给人类生活带来巨大的影响和改变，我就会无比兴奋和激动。"从这句话中，我们可以看到比尔·盖茨对待工作时那种极其狂热的激情。在他看来，一个人之所以能取得一番大的成就，关键就在于他对工作充满热忱。

对工作的激情和狂热态度，早已成为微软的核心文化。最重要的是，就连平时注重休闲生活的一些IT人才也被这种热忱工作的情怀所吸引，并毫无怨言地在微软公司长期工作下去。由此可见，正是比尔·盖茨在微软公司内部创造出的这种特有的公司文化，才让大家具备了持久快乐工作的动力。

因此，在对待工作时，无论是创业者还是管理者，必须拿出极其热忱的态度，只有这样，才能最大限度地形成一种感染力，促使员工为公司贡献自己的力量。

宝洁公司的"一页备忘录"

提到宝洁公司,几乎家喻户晓,作为一家百年老店,其存在与发展有着坚实的基础和深厚的文化底蕴:宝洁公司重视每一位员工,为大家提供各种便利条件,从而调动他们的积极性和创新意识。尤其是实施品牌战略时,宝洁将以人为本的文化跟市场开拓相结合,使得它在跨国经营中实现了不同文化的深层次融合,最终获得巨大的成功。

宝洁公司的前任董事长理查德·杜普利就职期间,只要下属交给他的备忘录超过一页,他就认为其中的废话太多,而且比较复杂,会无故耗费他的时间,于是他就在上面批注:"把它简化成我需要的东西!""我不理解复杂的问题,我只理解简单明了的。我工作的一部分就是教会他人如何把一个复杂的问题简化为一系列简单的问题,这样我们才可以更好地进行下面的工作。"

对此,曾经在宝洁公司担任执行总裁的爱德华·哈尼斯表示:"从意见中择出事实的一页报告,正是宝洁公司做出决策的基础。"

后来,本着解决关键问题的理念,"一页备忘录"的标语被张贴在宝洁公司内部各处。其实,"一页备忘录"确实有它的可取之处,最显而易见的是,它能快速、有针对性地解决公司中存在的一些关键问题。

首先,对于关键的、需要大家讨论的问题,把它们列出来,管理者可以有针对性地一一解决，使其不会妨碍接下来的工作。

其次，"一页备忘录"更加简单、明了，管理者可以集中精力阅读、分析，从而使问题变得明朗化、条分缕析，让人很清晰地知道工作的进展以及遇到的重点、难点。

为了提高效率，不管什么样的制度，能简化的要尽量简化。有时候化繁为简，用一两句话总结概括，往往比长篇大论更能把问题交代清楚，从而及时地着手去解决，不仅让工作变得更加高效，还能增强我们的自信心、价值感和幸福感。从这个方面来看，"一页备忘录"在公司管理过程中确实是一种行之有效的手段。

海尔和它的 SBU

有一次，海尔集团的首席执行官张瑞敏接受《中外管理》杂志的采访，当被问到海尔的发展时，张瑞敏说，他很佩服通用电气（GE）的杰克·韦尔奇，因为全球各行业，只有韦尔奇既能把公司做大，又能把公司做小。于是，张瑞敏把海尔做大的同时，也着手把公司"做小"。

实际上，张瑞敏所谓的把海尔"做小"，并不是指缩小业务范围，而是注重充分发挥每个海尔员工的创新精神，把他们每个人打造成 SBU（即 Stratedgical Business Unit，意为战略事业单位），让他们成为海尔发展的动力，确保海尔未来能够稳定、持久地发展下去。

让海尔的每位员工成为 SBU，实际上是提倡大家自我经营，单独跟市场对接，这也就意味着海尔集团的总战略从事业部转为个人。一方面，最大限度地激发每位员工的潜能，使其创新空间和自我价值都最大化，借此创造更有价值和竞争力的订单；另一方面，此举符合当今市场经济的要求，体现了公平性。

张瑞敏说："螺丝钉的本位意识是诱发身躯僵硬、行动迟缓的'大企业病'的直接原因。"正是他所说的这种"螺丝钉"心态，跟海尔后来迎合市场、贴近顾客的理念产生了冲突，因此，SBU 机制便应运而生。

2002 年 5 月 22 日，在第八届"亚洲的未来"国际交流大会闭幕式上，张瑞敏向大家介绍了自己的SBU理念。之后，三洋电机的井植敏会长感慨道："张瑞敏不但是中国的经营大师，也是世界的经营大师……海尔的'SBU'和'马上行动'对企业在未来市场竞争中取胜至关重要……日本企业应该学习海尔，也变成快马！"由此可见，张瑞敏的SBU理念已经逐渐被国外公司所接受，并准备效仿。

除了实际执行是SBU的一大难点，技术上遇到的难题也没有想象中那么容易解决。一是推行SBU之前要先分析岗位，实际就是对每位员工进行定位；二是民意调研的工作比较繁重。当时海尔的员工有3万多人，即便随机抽样调查也不会少于500张调查表，这就意味着需要为调研和核算做大量的工作。

SBU真正实行之后，海尔每位员工的责任和创造空间都是相同的，自负盈亏，而且一旦亏损，就不能得到收入，最多只能向海尔集团借资，但为期最长6个月。面对机遇和压力，"要我做"还是"我要做"这两种不同的思想观念，注定会让不同想法的人走上不同的发展之路。海尔物流推进本部的采购经理张永劭就是"我要做"的典型。

2002年，在全世界钢板价格持续上涨的情况下，张永劭积极争取，不仅保障了集团对钢板的需求量，还拿到了同行业中最大的价格优势。2003—2004年，他扩大业务范围，从海尔扩大到了外部，正式开始了第三方采购。渐渐地，随着业务日益增多，张永劭一个人根本忙不过来，思量再三之后，他果断地招了几个人。实际上，像张永劭这种"微型公司"基本上年营业额高达几个亿，所以，海尔鼓励他按照自己的模式去经营，不仅促使公司给予他的资源得到了大幅度的增值，同时也使张永劭的个人价值得到了前所未有的提升。

SBU实际展现的是现代公司管理中最核心的东西——以人为本，满足每个人的自我实现需求。正是因为SBU，就职海尔的每一个人都充分挖掘自身潜能，并体会到了满满的成就感。与此同时，大家还形成了独特的使命感，从"要我干"变成"我要干"，彻底拥有了一种对全局进行掌控的责任心。而这对于其他公司以及创业者来说有着深远的启示意义。

沃尔玛"今日事,今日毕"

公司赖以生存的不变法则之一就是"今日事,今日毕"。在这方面,沃尔玛就做得很好。沃尔玛各个连锁店的员工普遍非常忙碌,大家相互照顾,每天下班前都会按时完成当天应该完成的工作。正是当初员工的这种精神,才有了沃尔玛后来的蒸蒸日上。

有一次,沃尔玛的管理者制定了一项制度,要求员工在接到顾客、供应商或其他人的电话的当天,务必对这些电话进行答复。

一天晚上,某别墅旁边设立的一家沃尔玛店面将要关门时,一家四口走了过来。尽管已经到了即将关门的时间,但售货员仍然很有礼貌地将他们迎了进去,并且热情地询问他们有什么需要帮忙的。原来,这家人刚刚搬进自己购买的别墅中,收拾妥当后却发现不能洗澡,所以他们急切地需要一根水管。于是,售货员将他们领到卖水管的货柜。遗憾的是,售货员翻了半天也没有找到他们所需型号的水管。如果同样的事情发生在其他店里,尤其是到了关门时间,相信大部分售货员不仅不会把他们请进去,还会直接说:"不好意思,我们这里没有你们需要的水管,你们还是去别处问一问吧,再见!"

但在沃尔玛绝对不会出现这种情况。即便当时遇到该型号水管缺货的情况,售货员也没有放弃,而是立即拨打了几个求助电话。功夫不负有心人,售货员终于询问到，有一家管道商恰好有他们所需型号的水管。于是，售货员就开车带着这家人一同来到管道商这里，不仅精心帮助他们挑选最为合适的，还把他们送回别墅，并协助他们把水管安装好。直到看见水从水管中流出来，售货员才放心地离开，而那个时候已经是半夜12点多了。

沃尔玛售货员如此热情而周到的服务，使得这家人在经历了奔波和劳累之后可以舒舒服服地洗个澡，然后美美地睡上一觉。可以肯定的是，在以后的日子里，这家人绝对会成为沃尔玛忠实的顾客，并且他们还会给沃尔玛介绍更多的顾客。

当天发生的事情当天完成是沃尔玛公司文化的重要组成部分，更成为日后沃尔玛员工的做事准则——每个沃尔玛人都应该答复当天遇到的每一个请求，并全力以赴地将当天应该解决的问题处理好。

第五章 5

投资管理要适当，为资金把脉

产业资本与金融资本的结合

研究一下市场经济的发展史，很容易从中发现，无论是产业资本还是金融资本，只要发展到一定阶段，都会有扩大产业资本的需求，从而渗入金融资本。可见，产业资本和金融资本二者是密切融合、不可分离的。

美国《财富》杂志曾经做过统计，世界500强企业中有4/5以上都顺利地实现了产业资本和金融资本的结合。相比之下，国内公司产业资本与金融资本的结合还处于萌芽阶段。一位著名的金融专家曾说，中国公司的产业资本表面上已经和金融市场"紧密"结合起来了，但事实上，二者并没有实现真正意义上的互动。

那么，如何才能实现产、金结合，为公司创造可观的利润呢？作为公司的创办者，必须做到以下几点：

1. 在行事时，以资本运作的客观规律作为依据

产业资本运行的客观规律不同于金融资本运行的客观规律。以产业资本作为例子来说，大部分传统产业的投资都是中长期的，通常需要3—5年的时间才有可能获得巨大的利润回报，有的产业获得回报的期限可能需要的时间更长。金融资本则不一样。比如在股市上，只要投资是正确的，就可能在很短的时间内得到很高的回报；当然，倘若投资出现失误，也可能在比较短的时间内让投

资者血本无归,霎时间变得一无所有。

因此,在产业资本领域与金融资本领域,公司对财务指标(如资本的回报率、固定资产占有率、流动资金周转率、固定资产折旧率以及利润回报率等)的要求是不同的。倘若不能正确地认识其客观规律,即便公司从产业资本领域进军到金融资本领域,你也不一定能顺顺利利地将"第一桶金"拿到手。

2. 一定要储备所需的人才

任何一个管理者都不可能精通每一件事,一旦公司决定从产业资本领域渗入金融资本领域,一定要储备必要的金融人才。反过来,当金融公司想要对产业资本领域进行投资的时候,也必须储备一些业务精英。只有这样,管理者才可能在自己不太熟悉的领域有一番大作为。

有一次,张瑞敏在接受采访时对记者说,如果他们生硬地将制造业方面得到的经验移植到金融业当中,极有可能对其发展产生阻碍作用。当然,如果是创新的思路、发展的战略以及大胆引入人才的机制,这些对海尔集团进入金融资本这个它原本十分陌生的领域,则是有很大帮助的。为了能够更准确地判断金融领域的业务,海尔还向不少金融业的著名专家发出邀请,让他们参加海尔的相关会议。对于这些专家提出的意见与建议,海尔集团都会虚心地接受。

3. 要有能承受金融风险的能力

要想成功进军金融资本领域,必须有极其丰厚的资本与产业实力作为基础。对此,很多公司领导都会事先做好充分的准备。

从心理承受力方面来说,金融资本领域存在风险,自然免不了会出现各种刺激性的新闻,一旦和个人的经济利益有直接关系时,我们就会出现一种"切肤之感"——亏损的时候,真切地感受到的"切肤之痛";盈利的时候,真切地感受到的"切肤之乐"。无论哪种情况,都需要公司领导以宠辱不惊的心态去面对。

单一化还是多元化，公司发展不能盲从

只要有希望，领导者都想把自己的公司做大做强。一旦这个目标实现，领导者又会遇到难以抉择的问题——业务发展选择多元化还是单一化。实际上，多元化发展有利于公司业务量与规模的迅速扩大，但发展过程中也极容易导致公司出现亏损。如果领导者脱离现状，盲目选择多元化，那么公司将会陷入困境，最终不利于公司的生存和发展。而单一化发展有利于公司领导者集中精力发展自己的业务。如果方向正确，可以把所有的资金、精力以及智慧集中起来，主攻某一个领域，只要时机成熟，很快就会抢占市场。与此同时，单一化发展也有助于公司全体人员累积各自的业务经验，形成十分强大的竞争力。

任天堂就是一个典型的例子。

19世纪末，原本在欧美地区十分流行的纸牌传到了日本。但那个时候的纸牌数量比较少，只有贵族才玩得起。后来，日本京都的山内房治郎看准了纸牌的发展趋势，创办了一家名为任天堂的作坊，专门生产纸牌。十几年后，山内房治郎的儿子成为这家作坊的主人。随着纸牌在国内流行开来，任天堂在日本纸牌市场逐渐占有了非常大的份额。

直到山内房治郎的重孙山内溥——一个年纪轻轻、喜欢玩的大学

生——继承任天堂的家业时，不少人都不看好他，甚至以看笑话的心态等着看任天堂是如何倒闭的。出乎所有人意料的是，山内溥传承了先辈们的经商天赋，业务做得一天比一天好。他还设立总公司，将制造与销售融为一体，对组织体制加以强化，甚至不惜违背祖先定下的不准借贷的规矩，借了不少外债创办工厂，引进机器设备，从此摒弃传统的手工生产方式，改为以现代机器操作为主的流水线生产。

1953年，他针对纸牌的缺陷——寿命不长，大批次地制造塑料扑克牌，使得营业额短时间内得到大幅度提升。1959年，他和迪士尼合作，生产印有迪士尼卡通形象的扑克牌，而且还尽可能将卡通扑克牌的售价降低。没多久，任天堂便跃居日本扑克牌生产商第一位，并占据日本市场60%的份额。随着销售量不断提升，一家原本很不起眼的小作坊，终于破茧成蝶，成为人人皆知的任天堂。

然而，好景不长，尽管塑料扑克牌十分耐用，但图案只有米老鼠和唐老鸭。相比之下，人们更偏爱使用图案丰富的一次性扑克牌。于是，任天堂生产的塑料卡通扑克牌滞销，堆满了仓库。当时日本又出现不少新潮的娱乐方式，青年人逐渐不怎么玩扑克牌了……

面对任天堂遭遇的危机，山内溥并没有丧失信心，他经过多番认真思考，觉得任天堂依旧不能从娱乐这个行业脱离出来。于是，他将注意力转向电子游戏，而且集中了所有资本与人力，专攻电子游戏领域。1977年，任天堂又将半导体与微芯片结合起来，推出了家用彩色电视游戏机，发售的COLOR TV GAME 6和COLOR TV GAME 15两款家用游戏机受到玩家的追捧。据统计，这两款家用游戏机当时总共销售了一百万台。从此之后，任天堂每年都会研发新的电子游戏机机型，并且提供各种各样的游戏软件。就这样，整个日本业界刮起了任天堂旋风，任天堂员工的士气也因此得到了极大鼓舞。

从 1980 年开始，任天堂希望用户在家中也能玩到街机游戏厅里的游戏，于是改变经营策略，缩减街机游戏机的开发经费，专攻家用游戏机。1983 年 7 月，任天堂推出红白机（FC）后不久，迅速占领市场，以至于各软件商纷纷向山内溥妥协。任天堂红白机的巨大成功，使得任天堂一往无前，年利润自 1985 年起一直保持在 5 亿美元以上，创造了新时代的商业神话。

然而，即便已经如此强大，任天堂依旧在娱乐业这一领域发展，最终成为全球知名娱乐厂商。

郑周永创办的现代集团是韩国最大的垄断集团，与任天堂不同，现代集团是以某一项业务为主，多种经营共存。

1935 年，郑周永几经周折，到一家米店打工，每天忙个不停，帮老板把米店打理得很好，为此赢得了老板的信任。三年后，老板无偿把米店交给郑周永，他用自己学到的知识以及在客户那里积攒的良好信誉，办起了自己的米店。不久，日本为侵华搜刮物资，对朝鲜实行配给制，严禁粮食买卖，郑周永的米店因此被迫关门。不甘心的他后来将一家汽车修理厂买下来——这也成为他后来发家的基础。第二次世界大战后，日本投降，郑周永重新回到汉城（今首尔），买地建汽修厂，并打出了"现代汽车工业社"的口号。由于经验丰富、技术好、服务周到，他接到美国汽车维修的大单，为此大赚一笔。之后，韩国政府对外宣称建设汉江人行桥，现代集团最终如愿中标，借此取得了现代集团称霸韩国建筑市场的老大地位。

郑周永还表示，建筑业唯有承包到工程才具有生命力，不然的话，公司就不能顺利地生产下去，甚至会遭遇倒闭的厄运。为了将公司的生存空间拓宽，在建筑业还十分景气时，郑周永就已经打算向其他领域进军了。

那个时候，现代集团将造船业当作突破口，先向日本的金融集团提出了借钱的请求，但日本人担心韩国造船业的兴起会影响到自己国家同业的发展，于是拒绝了他。后来，现代集团得到伦敦巴克莱银行的支持，但条件是郑周永要以低于世界市场价16%的价格为希腊船王奥纳西斯制造两艘巨型油轮，而且每艘重26万吨级。于是，郑周永一面张罗着建船厂，一面研发这两艘油轮的设计图。结果，只用了短短两年三个月的时间，郑周永就把这两个看似不可能同时完成的工作都完成了。

1973年10月，中东战争爆发，全球面临石油危机，韩国的造船业陷入困境。于是，郑周永又将目光转向了汽车制造业。经过认真分析，他认为汽车这个行业将会有一个不错的发展前景。其实，早在1967年的时候，郑周永就建立了现代汽车公司，但那个时候他还不具备生产汽车的能力，仅仅是加工装配零件而已。到了1986年，现代汽车已经稳坐韩国最大汽车制造商的宝座，并进入美国市场。即便是在当时被称为"汽车王国"的美国，现代汽车也有一席之地，并且早已成为美国本土汽车强劲的对手之一。

通过对比日本的任天堂和韩国的现代集团，不难得出以下结论：

单一化发展有不少优点，但当公司原有产品的竞争变得日益激烈，打价格战就会导致利润大幅度下降。这个时候倘若依然坚持单一化，必然会限制公司发展的规模与速度，还有可能出现发展困难的境况。此外，一旦消费者的消费取向发生改变，公司被迫无奈要转型的话，与多元化经营的公司相比，转型会遇到无法预期的困难。

相比之下，多元化经营能较好地规避转型风险。因为公司的经营范围越大，就越能承受市场的冲击。发展多样化经营还有一个好处，就是能培养大量各方面的专业人才，对公司的成长是大有裨益的。当然，多元化发展需要大量资金的支持，况且摊子铺得越大，出现资金紧张的情况也会在所难免。一旦资金周转不灵，公司就会陷入发展困境。此外，公司涉足的领域越多，面临的盲点势必也就越多，而领导者的时间、精力有限，不可能顾及方方面面。

所以，一个公司该以什么样的方式存在下去，到底是选择单一化发展还是多元化发展，创业者及公司领导者一定要根据自己的实际情况而定，不能盲从。

第五章　投资管理要适当，为资金把脉

避免掉进合资的陷阱

美孚石油公司创始人——约翰·D.洛克菲勒曾经说过："坚强有力的同伴是事业成功的基石，他们既可以把你的事业推向更高峰，也可能导致集团的分裂，从而使你元气大伤，甚至倾家荡产。"

2007年1月7日，中央电视台的《焦点访谈》节目播出了这样一则消息："2001年德国FAG轴承公司与西北轴承股份有限公司组建合资企业——富安捷铁路轴承有限公司。通过合资—控股—独资的'三步走'策略，该合资公司的技术、品牌、市场最终全部被德方控制。"

西北轴承股份有限公司（以下简称西轴）位于宁夏银川市，是一家规模较大的由铁道部批准生产铁路轴承的国有骨干公司。西轴每年可以生产铁路轴承30万套，年现金收入将近2亿元——在当时西轴全年现金收入中占2/5以上，产品在全国铁路轴承市场占1/4。总之，西轴的影响和地位在整个行业中都是很高的。

FAG公司是德国最大的轴承公司，也是世界第三大轴承公司。在中国研究开发铁路轴承的二十多年中，FAG公司一直是直接或者间接参与的。

西轴当时受到资金的困扰，而 FAG 公司正在中国寻找最好的合作伙伴，于是，二者不谋而合，达成了合资协议。西轴的原始构想为："借助于 FAG 的先进技术、科学管理和知名品牌，嫁接于西轴的精华部分——铁路轴承，让它发展壮大，带动西轴跻身于全国乃至世界轴承行业前列。"

然而在谈判过程中，德方提出了非常苛刻的条件。担任西轴总经理之职的李福清说，当时德方提出，最好的产品与市场必须归他们，而包袱却都丢给了中方。而且，德方还要求控股，董事长、总经理这样的重要职务也必须由德方担任，中方管理层只能做副职。2001 年 12 月 18 日，西轴本着"市场换技术"的意图，与德国 FAG 公司签署了合约。其中，中方占据 49% 的股份，德方占据 51% 的股份；中方以品牌、土地、厂房、设备、市场以及生产资质入股，德方只提供了 852 万欧元的资金支持。

合资公司正式投入运行后，人们没过多久就发现，前两年，FAG 公司并未改造技术，也没有进行有效的管理。与此同时，他们将中方的管理人员都架空了。自从与 FAG 公司合资以来，西轴从来没有得到一点儿好处，却不断地承受亏损——连续两年亏损都超过了千万元。根据合资的比例，西轴只不过合并财务报表就共计亏损 1000 多万元。2005 年 5 月，合资公司招聘的职工合同期满，裁掉了 250 人。而这 250 人全都由西轴接收了，即裁掉的几乎是西轴的原班人马。

在两年连续亏损的情况下，中方没有继续追加资金。这个时候，德方马上出钱将中方原本 49% 的股份买了下来。于是，德中合资公司摇身一变成了德方独资公司。独资之后，富安捷公司的产品快速得到美国与英国的认证，开发了国际市场，并且大幅度提升了生产检验技术，原本的亏损也随之变成了盈利。中方则失去了多年打拼的成果，包括市场、品牌以及生产资质等。

据了解，在我国，像西轴这种情况并不少见。在有些地方，这种模式甚至已经成为外商吞并中资公司的常见套路。因此，面对市场经济，作为公司领导者，一定要在引进外资的同时学会用法律维护自己的利益，在决定合资之前务必三思而后行，以防掉进合资的陷阱中。

第六章

战略管理
是公司盈利的前提

制定一个清晰的战略，注意规避隐患

不管是大型公司，还是中型抑或小型公司，都面临着一个战略问题。如果说以前公司可以"摸着石头过河"，凭借老板的自我探索慢慢地"蝌蚪长成青蛙"的话，那么现在肯定行不通了，因为不管是时间还是机会，都不允许再那么做。

任何一家公司要想发展，必须有明确、清晰的战略，不能漫无目的地向前冲。

现实生活中，很多公司管理者在赚到一些钱之后，经营战略就变得不再那么清晰了，只要一出现这种情况，肯定会造成公司内部的复杂与模糊。

可见，管理者在带领公司发展的同时，对于战略的构想必须非常清楚，应该做什么，不应该做什么，善于做什么，都必须明明白白地告诉员工，这样一来，员工才能知道现在怎么做最好，今后怎么做最好，从而避免公司在经营过程中因为战略模糊而走弯路或陷入困境。

值得注意的是，战略制定后要坚决执行，不能让其成为一纸空文。否则公司在日后的经营中很容易脱离战略的轨道，为公司的长远发展埋下隐患。

超越"不可能"的目标

当你朝着那些看起来似乎不可能实现的目标持之以恒地努力时，有时候能达成心愿，有时候虽然最后并未将这一目标实现，但你会发现跟你最初的预想相比，结果已经好了很多。

当下属将下一年度的工作指标汇报给通用电气的杰克·韦尔奇时，他往往会这样告诉对方：将你的目标乘以二，然后去做吧！

对于公司来说，追逐"不可能"的目标有着极大的意义，它能对员工的工作状态起到促进作用，使每一个员工都更加努力地工作，从而加快公司在业内脱颖而出的步伐。

福特汽车公司的例子就充分地说明了这一点。

为了使汽车的性能变得更好，亨利·福特下定决心要生产一种与众不同的引擎——这种引擎要具备8个汽缸。不过，以那个时候的技术条件，这个目标的实现概率几乎为零。然而，亨利·福特坚决要求工程师们将这个"不可能"的目标实现。无论设计师们提出什么样的反驳理由，亨利·福特都这样回答："不管怎么样也要将这种引擎生产出来，无论花费多长时间，行动起来，直至你们取得成功为止。"

在这个"不可能"的目标的激励下，每个员工不得不将所有的精力与智慧都放到了8缸引擎的研究开发过程中。

一年之后，工程师对福特说："还有不少关键性的问题无法解决。"福特依旧坚持地说："继续做下去，我们必须将这种引擎制造出来，这是我们共同的目标。"

经过不懈的努力，工程师们终于把问题都解决了，成功地制造出具备8个汽缸的引擎。更为重要的是，在这种不断对高目标进行追求的过程中，员工们还形成了不惧困难、积极进取的精神。

就像摩托罗拉创始人高尔文所说的那样："有时我们必须凭信念来采取行动，这种信念就是，一些重要的事情虽然不可证实，却可以做到。"

人具有无限的潜能。有时人们根本不清楚自己的潜能究竟有多大，能实现的目标究竟有多高，因此，唯有不断地去实现那种"不可能"的目标时，才能更充分地将自己的潜能激发出来，而这个看似"不可能"的目标最终往往也极有可能会实现。所以，作为一名领导者，应当制定卓越的目标，以便将员工最大的潜能挖掘出来，促使公司的业绩快速地增长。

当然，有些"不可能"的目标确实脱离实际太远，不容易实现，即便如此，目标最终虽然没能实现，但与低目标相比，结果也会很乐观。而且在实现这一目标的过程中，员工也能学到不少东西，促使自身能力得到大幅度的提升。因此，领导者在对员工的标准进行衡量时，不应只看有没有实现目标，而应跟其上一次成绩的结果相比较，将环境变量排除的情况下，看其有没有比较明显的进步。尤其在员工遇到坎坷的时候，领导者应该积极地鼓励他们，不能由于未实现目标而对他们加以惩罚。否则，员工的积极性就会大大受挫，高目标激励也就没什么意义了。因此，领导者必须谨记：之所以要制定"不可能"的目标，仅仅是一种对员工进行激励的手段，而不是对员工进行考核的唯一标准。

处理好发展与循序渐进的关系

恰当的组合，不但有利于拓展公司的发展道路，而且有助于筑牢公司的根基。

对于很多领导者来说，梦寐以求的就是公司实现跨越发展，这也是不少公司战略指导思想的一部分。跨越发展对一家公司的意义在于：借助跨越发展，公司能从困境中摆脱出来，在"重新进行洗牌"的过程中，得到优势的竞争地位。所以，在具有新技术、新产业以及新的市场机会的基础上，公司应当尽可能地抓住机遇，实现跨越。需要特别注意的是，想要实现跨越发展，必须具备一定的条件。

跨越发展不但要求领导者具备把握公司技术与控制新市场的能力，而且公司还要有相应的配套条件。举例来说，高清晰度数字彩电是一种新型产品，生产它既要有较强的技术开发能力，还要有数字信号发射系统加以支撑。所以说，公司要想跨越发展，需要做的就是审时度势，一边盯紧相关政策的变化，抓住时机进行跨越而不落后；一边做好眼前工作，循序渐进，改进公司现有产品的质量，尽可能地积累技术，为实现跨越做好足够的准备。

公司发展到中期要克服的"六个盲目"

有的公司到了发展中期，资本积累到一定程度，资金周转良好，有条件进行小规模融资，并且建立起了初步稳定的产品生产销售体系，每年的销售额也基本稳定，公司团队也告别刚开始那种混混沌沌的状态，形成了一定的业务组织层。面对这种情况，公司领导者要注意克服六个"盲目"。

1. 盲目自信决策

当公司的规章制度还不健全，纪律也不够严明，加之员工数量也不多时，很有可能导致公司领导者独揽大权，盲目自信，不肯听取别人的意见，以至于有时在对公司的市场地位进行评价时出现偏差。这种情况往往会令领导者的决策不具备充足和正确的依据，出现信息迟钝、考虑问题不全面的情况，致使因为些许细节造成决策失误，给公司带来不小的损失；另一方面，会使员工的工作热情受挫，与领导之间的关系逐渐疏远，导致公司内部难以团结起来，工作效率自然就会降低。不但如此，领导者独揽大权时间久了，往往会独霸功劳，忘记员工们的努力和付出，甚至有时根本听不进员工提出来的一些合理的意见与建议。

要知道，一个人的时间与精力毕竟是有限的，不可能非常全面地掌握和管理公司的方方面面。领导者擅长的自然也是有限的几个方面,唯有充分将员工不同的特长发挥出来,真正做到放权,才能填补领导者的不足之处。

　　领导者懂得放权,不仅可以省出时间与精力,全神贯注地考虑公司的发展大计,全方面了解政策方针,从而尽可能避免盲目做出决策,还能够让员工认识到自己的价值,体会因为工作而带来的满足感和荣誉感,并且将其转化为动力,更加积极、有效地投入到工作中去。

2. 盲目调整市场战略

　　市场竞争异常激烈,不少公司管理者在进入市场之后没多久就发现,除了先前的同行公司,很多新创办的小公司也纷纷崭露头角,甚至还出现了很多强劲的对手。

　　无论是同行的大型公司还是中小型公司,作为竞争对手,领导者都要理智应对。相比之下,大型公司不管是人才方面还是资金方面,抑或是技术设备方面,都具备雄厚的实力。如果直接对它们采取硬碰硬的策略,那无异于拿鸡蛋碰石头,最终自己只会败得很惨。与实力相当的小型公司进行竞争,有可能出现"两虎相争,必有一伤""鹬蚌相争,渔翁得利"的状况。

　　所以,要想把公司做大做好,千万不能看别人怎么做挣钱了,自己就盲目地跟风,而是要保持头脑冷静,慎重地选择经营方向,准确地进行市场定位。如果头脑一热,随波逐流,着急忙慌地上阵,最终只会招来一次又一次的失败。

3. 盲目分散投资

　　有些领导者认为自己头脑灵活,有很强的市场预知感,所以一旦小有成就,这种价值感和自豪感就会膨胀,于是就会想在别的行业和领域也大显身手。殊不知,一个人再怎么聪明、能干,面对一个未知的新行业和新领域,无论是产品还是业务,都得重新学习——吸取新的知识和技巧,培养新的供应商和客户关系，而这些无不需要花费很多的时间和精力，甚至是极大的人力、物力和财力。

因此，领导者如果想投资一个新的行业和领域，切忌盲目分散，一定要事先调查、多方考证，否则，就有可能竹篮打水一场空，甚至可能会让原有事业受到牵连。

4. 盲目开发产品和服务

公司的延续和产品的生命力之间有着相当紧密的关系。一家公司要想在竞争的夹缝中生存下来，唯有选择与自己特点相符并且其他公司不愿涉足的一些领域，从而发挥长处，回避短处，才能走出一条独具特色的路。

换句话说，只有将力量集中起来专门研发与生产非标准化、非通用化、市场规模窄小、大公司觉得没有多大利益的产品和服务，你才能有所收获——有效地巩固自己的公司在市场的地位，确保自己的公司在这个领域具备一定的优势，形成别出心裁的拳头产品和服务。

领导者如果想开发新的产品和服务，却对它知之甚少，就要先花点时间多了解，比如新的产品和服务有无独特之处，是否物美价廉，是否能被广大消费者接受等。否则，盲目开发，一旦出现很难与其他产品和服务竞争的情况，就会因需求少、市场小而影响产品和服务的售出，损害公司业绩。

5. 盲目引进技术

对技术的认识和引进，每个领导者都有各自的看法，因此在面对是否引进一项高端技术这一问题时，往往会出现不同的结果。

有的公司领导者考虑到缺乏相关人才，需要斥巨资购置相关设备，以及技术引进后对生产和业务不能起到决定性作用时，一般会选择放弃，或者退而求其次，选择跟产品和业务相关的简单技术。

有的公司领导者只看眼前利益，认为"能赚一笔是一笔"，于是对技术的长远性分析不够慎重、全面，或者盲目引进。这种做法的结果是，他们没过多久就会发现产品或服务达不到市场要求，技术利用价值也并不高。

还有的公司领导者只是将现有的市场竞争程度考虑在内，没有注意潜在的竞争，对技术盲目引进，也不可能让其长久地为公司创收。

所以，领导者一定要认清，自己的产品或服务是否真的离不开先进技术，以及引进技术后能否长期发挥其价值，为公司持久地创造利润。如果答案是肯定的，那么即使这项技术暂时会消耗一大笔资金，也要排除万难，坚持引进；否则，就要选择放弃。

6. 盲目掉头经营

现实生活中，有不少公司领导者不管是决策方面，还是经营抑或生产方面，一旦出现失误，第一反应不是认真分析情况，而是担心自己和公司会越陷越深，于是急急忙忙掉头，转移到别的方面，重新开张。结果，刚掉头没多长时间，就发现老本行的发展势头又开始一片大好；或者掉头经营后，同样出现亏损现象。无论出现哪种情况，公司领导者又开始自责，后悔自己当初不应该鲁莽行事，盲目地掉头经营。

想要公司快速地发展壮大，领导者绝对不能盲目行事。在产品滞销、遭遇挫折的时候，领导者必须认真地进行分析，找出原因，到底是由于产品不对销路、质量差、知名度不够，还是其功能根本无法满足消费者的购买需求。

总而言之，如果公司的船不够大，经受不起大风大浪，那么领导者一定要三思而后行，不能被表面的现象所迷惑，经过仔细调查与研究以后再慎重做出决定，以便公司与员工的利益得到更好的保障。如果掉头经营的决策是正确的，固然能使公司超速发展，欣欣向荣；一旦决策失误，后果将不可预期，甚至会造成公司破产倒闭。

第七章

公司发展的王道是绝对保证产品质量

树立高标准的产品质量观

产品质量不仅是消费者最为关注的，也是一家公司与同行业产品竞争时能否获胜的关键性因素。作为公司的领导者，最主要的职责之一就是及时发现产品的不足，并积极采取措施去弥补。

针对欧洲市场的实际情况，贺曼公司采取的贺卡策略就是一个非常典型的例子。

贺曼公司早期打入欧洲市场时，经营模式跟在美国市场一样，即提前在贺卡上印好各种贺词，结果很不受消费者的欢迎，销量很低，这让贺曼的老总感到十分不解。有一天，他扮成店员去接待顾客，想弄清楚原因。可喜的是，他很快发现，欧洲人喜欢亲自在贺卡上写下祝贺的话，以表示对对方的尊重和亲近。

发现自己产品的不足后，贺曼的老总开始调整策略，从此以后，专门在贺卡上留下空白的地方，以满足欧洲消费者填写祝福语的需求。没过多久，贺曼终于成功打开了欧洲市场的大门。

在改进产品方面，微软公司堪称佼佼者。1999年，为了提高产品的安全性能，

第七章　公司发展的王道是
　　　　绝对保证产品质量

微软增设了安全性能更高的互联网信息服务器（IIS），并在服务器中放置用户账号和目标文件，甚至公开诚邀黑客设法取得。微软表示，希望借助此次公开测试，找到最安全的操作系统。

2002年，谷歌以微软凭借Windows操作系统打击其他桌面系统为由，控告微软违反《反托拉斯法》，这一事件对微软产生了极大的影响。于是，微软对外宣称将在2007年底发行Vista补丁包，更新搜索产品。

更改后，尽管微软的搜索依然是Vista的默认搜索，但用户可以根据自己的需求，像选择浏览器和安全程序一样，将其换成自己喜欢的第三方产品。与此同时，为了优化第三方的搜索产品，微软还为开发人员提供相应的有用信息。

微软此举尽管有规避法律风险的嫌疑，但不得不说，Vista的自由度和灵活性越来越大，并赢得广大用户的信赖和好评。

对于公司而言，如果领导者不懂得发现问题，那么公司的产品和服务必然只能原地踏步，不会有所提高，甚至还可能出现倒退的迹象。现实生活中有不少实例说明，公司领导者就是因为不能及时发现产品和服务的问题，导致经营不善，造成巨大亏损，最终破产。

因此，作为公司的领导者，一定要善于并且乐于发现产品和服务中存在的问题，同时还要擅长利用质量定位的方法对产品的质量进行管理，树立高标准的质量观。比如在买车的时候，顾客会对车的"性能"高度重视，而且不同的顾客对其重视的程度也不一样。有些顾客看重的是车的加速度，有些顾客看重的是行车时的舒适度……只有通过进行大量市场调查，不断按照顾客的意见对车进行改进，整体上提升车的性能，才能满足顾客的需求，促进产品的销量，加速公司的发展步伐。

不被超越的法宝是精益求精

一家公司要想形成自己的特色，必须做到精益求精。因为现在的消费者日趋理性化，他们总会在能力所及的范围内，通过货比三家的方式获得最优的产品。这也进一步验证了，唯有产品出色才能将对手打败，得到市场的青睐。

劳斯莱斯是一个全球知名的汽车品牌，也代表了一种汽车文化。汽车市场竞争如此激烈，又面临诸多强大的对手（如通用、福特等），为了能在竞争中屹立不倒，劳斯莱斯塑造了个性化的品牌文化——对员工进行培训，不是用制造冷冰冰的机器的观点开展工作，而是以人类崇高的道德情操与艺术家美好的热情去对劳斯莱斯轿车的每个零件进行雕琢，不管哪一道工序，生产出来的东西几乎都是有血有肉的艺术精品。可见，劳斯莱斯公司出售的不仅是品牌汽车，更代表着更高的艺术品位。

1904年4月，亨利·莱斯将自己设计制造的第一辆莱斯汽车开上街道，无论是汽车的性能还是舒适度，受到所有人的好评。实际上，汽车的每一个零部件，哪怕是一颗小小的螺丝，都是莱斯亲自动手精雕细刻的。

莱斯这种精益求精的结果是，所有的劳斯莱斯汽车都具备结实耐用、异常坚固、故障率低、噪声与晃动均可忽略不计的特点。不管哪个型号的劳斯莱斯，即使以100千米/时的速度行驶在路上，放置在水箱上的一枚硬币照样安安稳稳地待在上面，不会因为水箱震动而落下。当你坐在车子中的时候，你根本听不到引擎的声音，仅仅能听到车内钟表表针轻微的走动声。

苏格兰汽车性能评审会在英国皇家汽车俱乐部监督下举行。在这场评审会上，经过1.5万英里的路程测试之后，劳斯莱斯大获全胜，并且领先了3天之多。经过评审，劳斯莱斯的零件损耗费仅仅为3.7英镑，轮胎磨损与汽油的消耗平均1英里为4便士左右。

最终，劳斯莱斯被公认为是世界上最优良的汽车，而且会让拥有它的人感到是一种地位与身份的象征。

我们评判一个人是否成功时，不只看他做过多少事，更主要的是看他做成了多少事，而且在哪些事情上干得特别出色。同样的，唯有特别出色，公司才能拥有更强的竞争力，才能在白热化的市场竞争中大获全胜。对公司而言，精益求精是核心竞争力，唯有出色到极致，让对手无法超越，才算是真正的成功。

追求完美要永无止境

可以说，公司领导者是产品质量工作的第一负责人，要想在激烈的竞争中基业长青，就必须建立运转有效、从产品设计到售后服务一条龙的质量保证体系，以完美之心要求自己，打造完美产品。

长沙一家专业高端的厨具公司，集研发、生产、销售及服务于一体，专注生产陶瓷合金无油烟超硬质不粘锅与不锈钢系列厨具产品，不仅在国内外同类产品中具有领先地位，同时也促使厨房发生了一场革命，引领了无油烟、环保、健康的厨房潮流。

这家厨具公司成功的秘诀在于，项目总经理把无烟锅的质量看得非常重。随着业务量持续增多，项目总经理自始至终都没有放松过对质量的把控。与之相反，他开始更加严格、更加细致地对无烟锅的质量进行把关。每次将产品装入包装盒封装以前，他都会和质检人员对产品的质量做最后一次检查。有一次，他在检查时发现一只无烟锅存在些许瑕疵——锅底磨得太平了，尽管问题很小，但他还是立即将全体技术人员召集起来开会。

在会上，项目总经理将那只无烟锅拿给大家看，并说："如果把这只无烟锅放到包装盒里，完全可以卖出去，它只不过是锅底磨得平一点儿而已，但锅身处理得相当好。可是我要把它拿出来作为不合格产品，以后，类似产品一律不准出厂，也不准回炉再造。因为我们的无烟锅应该是最完美无缺的产品。"他的话刚说完，大家纷纷鼓掌表示赞同。

后来，项目总经理将每个不符合标准的产品收集起来，挂在厂门口的墙上，而且在上面标明了具体的生产日期、生产者、生产所用设备等。慢慢地，出厂的无烟锅不合格率几乎为零。

跟项目总经理对无烟锅的完美追求相比，英国戴森电器公司的总裁说："希望我们所生产的产品不同于现有的其他产品，一定要比别人做得更好，所以我们进行新产品开发时，要确保产品的高品质和可靠性、耐久、耐用。"戴森生产的家用电器，如洗衣机、吸尘器等，畅销世界几十个国家和地区。

很多人都认为，家电是一个已经十分成熟的行业，产品研发所占的分量不是很重，公司想要脱颖而出，应该依靠成本优势与批量生产。然而，戴森公司与众不同，它主要凭借创新，将产品的易用性、好用性以及耐用性做到极致。一方面，戴森公司的上千名工程师每个月都要花费数万个小时对产品进行测试，以确保产品性能达标。另一方面，由于戴森电器公司的总裁戴森经常表示，失败是相当有用的，因为从失败中可以寻找完善产品的灵感。所以，除了对产品进行实验室测试，戴森电器公司还会想尽各种方法来完善产品，比如成立一个非正式小组，小组成员的工作就是在公司里找一个舒适的地方坐下来，观看另一些人使用新产品，发现产品在使用过程中令人不舒服的地方。同时，公司员工也努力做好"消费者之声"的角色，利用周末的时间去产品售点或者到消费者家里，了解消费者怎样看待他们的产品，以及他们有什么样的使用体验。总之，通过反复寻找产品的失误之处，戴森不断做好产品的完善工作，让消费者在使用时达到一个较高的满意度。

没有最好，只有更好，公司领导者只有拥有一颗追求完美的心，才会让公司上下不断学习、不断探索、不断奋进，打造完美产品，从而实现今天比昨天好，明天比今天好。

以质取胜，才能将投诉降为零

20世纪60年代初期，具有"世界质量先生""零缺陷之父"以及"伟大的管理思想家"等诸多美誉的菲利浦·克劳士比提出了"零缺陷"思想，还在美国展开了"零缺陷"运动。之后，"零缺陷"的思想传到了日本，并且在日本制造业中全面地推广开来，快速地提高了日本制造业的产品质量，使之遥遥领先于世界水平，又促使日本工商业所有领域得到进一步的扩大。

在我国，荣事达集团是成功实施"零缺陷"管理的典范。荣事达集团最开始的形式是集体所有制的小型公司。20世纪80年代，经济体制改革拉开帷幕，放开了对轻工日用消费品生产与销售的计划管制。在这一政策的推动下，荣事达从此开始直面市场。

经过不懈的努力与探索，在对外国的"零缺陷生产"管理方法进行借鉴的基础上，荣事达在供应环节导入"零缺陷生产"的精神与规范，从而形成了"零缺陷供应"管理；在销售过程中注入"零缺陷"精神与要求，从而形成了"零缺陷销售"和售后"零缺陷服务"，使得"零缺陷管理"形成了系统化、立体化的管理体系。

荣事达的努力换来了丰硕成果：不仅市场业绩喜人，还于1996年顺利通过了国际通行的ISO9001质量体系认证。总之，荣事达"零缺陷"管理在各项指标上都达到了世界公认的先进水平。

"零缺陷"管理的背后实质是公司领导者对顾客的承诺：不让顾客对公司及公司产品有一丝一毫的怨言。公司要想兑现承诺，唯一的选择就是保证自己生产的产品"零缺陷"。

不难发现，"零缺陷"管理可以保证公司产品质量的稳定性，而且在整个公司中贯彻"零缺陷"管理的哲学理念，能促使所有员工加强对产品质量的高度重视，下定决心"不犯错误"，甚至还会积极主动地给领导提出意见与建议。

实施"零缺陷"管理，可以采取以下措施：

1. 建立推行"零缺陷"管理的组织

公司项目的推进必须有组织的保证，通过设立"零缺陷"小组，动员每一个员工积极主动地投入到"零缺陷"管理中，从而提高他们参与管理的自觉性。

建立"零缺陷"小组，方便管理层统计并认真分析所有人的合理化建议，有条件的话，还可以组织大家进行经验交流。当然，公司领导者要尽量参与，并根据分析结果，清晰地表明决心，果断地做出表率。

在任命"零缺陷"小组负责人时，既要设立相应的规章制度，还要注意对员工进行一定的教育和培训。

2. 确定"零缺陷"管理的目标

将"零缺陷"小组（或者个人）在一定时期内需要完成的任务进行明确规定，包括确定目标项目、评价标准与目标值。在实施的时候，尽可能采取各类形式，及时公布小组完成任务的进展情况。

3. 进行绩效评价

"零缺陷"小组设定的目标是否完成，建议由小组成员自行评定。这样的话，公司领导者就要对小组的职责和权限进行细化，以防彼此之间产生矛盾。

4. 建立相应的提案制度

对于不是自己主观因素导致的错误，比如设备、工具等出现问题，工作人员除了要及时把信息反馈给小组负责人外，还要尽可能给出自己的建议，或者提交与之相关的改进方案。作为小组负责人，要耐心倾听，并与提案人一同研究、分析、处理。

5. 建立表彰制度

这里所说的"零缺陷"管理，并不是针对犯了错误的员工，斥责、批评他们，而是对表现优秀的员工进行表彰；不是将员工自身的缺点都指出来，而是激励他们朝着共同的目标不断努力。可见，建立表彰和激励制度，能够很好地增强员工的自信心与责任感，让他们对自己的工作更有激情，对公司的发展贡献自己的力量。

第八章

采购做得好,
公司效益才会高

采购要考虑总体成本，而不仅仅是价格

领导者经常会遇到这样的情况：虽然当时的采购价格已经很低了，但采购成本始终居高不下。这是怎么回事呢？

其实，原因十分简单，采购成本并不是只由采购价格决定的。在采购专业领域里，总成本包括采购价格、物流成本、采购费用，以及因间接操作程序、检验、维护和其他相关工序所产生的成本的总和。可见，一次成功的采购不能只考虑采购物资的价格，应当将采购各环节的总成本作为关注的重点。

某家公司因为工作的缘故需要紧急购置一辆汽车。通过一番价格比较之后，在别的服务条款相似的情况下，供应商甲给出了20万元的报价，供应商乙则给出了19.5万元的报价。在这种情况下，很多人理所当然地会选择跟供应商乙合作。因为双方提供的汽车在品牌、配置等方面几乎是一样的，而供应商乙的报价更低一些。然而，该公司最后选择跟供应商甲合作。为什么该公司会做出这样的选择呢？

在领导者看来，虽然在产品质量、售后服务等方面相似的情况下，选择报价低的供应商是再自然不过的事情，可供应商甲是本地经销商，而供应商乙是外地经销商，并且供应商乙没有送货上门的服务。倘若公司选择供应商乙，尽管表面上看省下了5000元，但该公司需要自己去提车，所以就要额外派人将

车从外地开回公司。差旅费、员工缺位跟车辆不能及时到位而给公司带来的损失，远远不是5000元能抵得上的。因此，将这些因素综合考虑之后，该公司领导者最终决定选择跟供应商甲合作。

经济学中有"机会成本"一说，指的是无论何种决策，选择其中一个，被舍弃掉的选项的最高价值就是此次决策的机会成本。如上述例子一样，该公司领导者最终的选择是供应商甲，选择供应商乙，自己去提车而产生的差旅费、油费、误工费等便是该决策生成的机会成本。

所以，要想将采购成本降低，必须有正确的成本观念，不能狭隘地认为购买价格、招标费用及评标费用就是采购成本。有些时候，还需要考虑全寿命周期成本，即在整个使用寿命周期里为了确保货物处在正常使用状态而需要付出的成本，比如，材料耗费与维修成本等都在其范畴内。

与其花1元钱购买一支寿命为两天的笔，还不如花5元钱购买一支寿命为一个月的笔。许多时候，你会发现，在采购某些物资时，价格降低了，消耗却升高了，结果导致总成本不仅没有降下来反而升上去了。遇到这种情况，采购员不妨尝试一下"效能计价"的招标方式。

什么是"效能计价"？所谓"效能计价"，实际上有两层含义：

第一，在采购产品的过程中，既不一味地追求低价格的产品，也不一味地追求高质量的产品，而是追求质量和价格的最好组合。

第二，在招标时，只将招标产品的使用条件与要求说出来，让投标方结合己方产品的质量、性能等情况，将报价和使用寿命或者单位消耗确定下来，并且做出承担相应责任的承诺。如果不能做出承诺，那么就对货款或减或扣。

采购方对价格与使用寿命进行综合测算之后，选择效能最好的投标产品。如此一来，就把产品质量保证的责任和风险转移给了投标方，不仅使采购价格变得更加合理，大大降低了消耗，而且使供应单位对质量的要求得以提高。

集中采购可以形成"规模效应"

海尔集团通过实施"四大"集中采购策略——大订单、大客户、大市场与大资源。单纯地凭借集中采购钢板、化工物料以及电子零部件等大批原材料，就为公司省下了不少钱，大约为之前成本的20%—30%。

一家规模很大的房地产开发公司，采购权最初被分配到了项目经理那儿，每次原材料进货，数量都不是很大。后来，随着原材料的价格持续上涨，房地产开发公司的领导果断采取了集中采购策略，依据各个工程的实际需求统一进行调配，结果短短一年的时间，就节省了4000多万元。

通常，在供应商相同、产品也相同时，公司采取的采购策略不同，最终实际需要支付的采购价格也会有所不同。这是为什么呢？的确，供应商的关系与采购单位的议价能力在很大程度上影响着采购价格。但除此之外，还有一个非常重要的因素，那就是采购规模。比如，相较于国美、苏宁这样的大公司，中小型家电零售公司的采购价格自然要高很多，因为其采购量远远低于国美、苏宁，自然不可能从厂家那里得到同等的待遇或者更多的优惠。

当然，想要做到集中采购是一件很困难的事，有的时候仅仅依靠采购部是不可能完成的，还需要多个部门相互配合，联合起来行动。

海尔的产品线很广，其生产的产品不仅有洗衣机，还包括空调、冰箱等。

刚开始的时候，因为各个产品具有不同的生产工艺，而这些产品的生产事业部向来都是采购自己所需的零部件，彼此间不存在什么联系。后来，为了将采购成本降低，海尔集团做出了一个决定：对于不同产品之间共同使用的零部件，实施集中采购。比如，海尔的很多产品都会用到电缆，海尔就让采购部门与产品设计部门携起手来，统一设计了洗衣机、空调及电冰箱等产品所用的电缆，能够标准化的也尽可能标准化，能够使用通用部件的尽可能使用通用部件。通过整改，海尔集团由原本需要采购几百种不同型号的电缆，变成只需要采购十几种电缆就可以了。采购的电缆的种类少了，在需求量不变的情况下，实现集中采购、降低成本也就变得顺理成章了。

或许你觉得，海尔是一个规模很大的集团，他们的采购量大是毋庸置疑的。而作为中小型公司的我们，怎么可能有那么大的采购需求呢？没错，在采购价格方面，中小型公司的处境的确十分被动，其一年的采购量或许还不及海尔的1%。但这并不代表中小型公司在对采购成本的控制上一点儿办法都没有。举个例子，你肯定听说过现在比较流行的"团购"这个词吧？

不管是购买大件的车、房，还是购买小件的日用品，单个消费者和店家、销售员进行谈判一般处在劣势，不太可能享受到令其满意的较低的折扣。于是不少消费者主动联合在一起，采用团购的方式一起参与到交易谈判中，一方面厂商或店家通过薄利多销创收，另一方面消费者也得到尽可能多的优惠。

同理，在降低成本上，公司之间采取联合采购的方式也是十分明智的。一来，如果多家公司联合起来进行采购，那么多个小订单集合起来就会成为大订单，谈判实力自然也就大大提升，最终形成采购规模的优势，促使厂家降低采购价格。二来，如果联合采购的对象为原材料生产公司，那么就能从经销商的转手成本中摆脱出来，直接和制造商进行交易，中间环节减少，流通成本能够在一定程度上降低。

实际上，集中采购不但在采购价格上能享受到更多的优惠，很大程度上也影响着采购的管理费用，可以使之大幅度降低。据不完全统计显示，与分散采购相比，集中采购的费用支出至少可以节省1/10。

适时采用"反拍卖技术"

你知道"RAT"吗？如果你摇头表示不知道，那么你总该听说过拍卖吧？拍卖最为基本的道理就是"价高者得"，而"RAT"则正好与之相反，为"价低者得"。

2000年9月18日，从事飞机制造和航空运输的美国联合技术公司到中国采购铸铁件，包括盖、底座、管等30种零部件，规格共计96种，招标文件上的费用总额为1985万美元，同时预留了5%的幅度。然而，采用"RAT"后，最终的实际采购价为1251万美元，比预期的采购额整整少了734万美元。

2002年1月23日，北京医药集团紫竹药业公司联合北京经纬同盛公司采用"RAT"，通过网络采购药品包装盒共1000万套，此举以120万元人民币成交。与紫竹药业预期的207万元采购额相比，成本节约了87万元，占总额的42%。

那么，"RAT"的操作到底是怎样的呢？"RAT"的全称为"Reverse Auction Technology"，直译过来就是"反拍卖采购技术"，是一种与拍卖反向展开的、在采购方法上有着革命性与划时代意义的技术。这项技术通过使用互联网，将以前在采购时由于缺乏信息、信息不对称、信息不透明等造成的各种问题做出改变，为采购者寻找买主给予极大的帮助，并且还能够通过引发卖主与卖主之间异常激烈的竞争，有效地发现卖方的成本区间。与此同时，它还能够对采购流程进行有力的变革，促使采购过程中的腐败行为得以减少，从而令采购的决策权真真正正地被决策层掌握。

通过"逆向拍卖"的方式进行物资采购是反拍卖采购技术的核心，其主要原理为充分利用网络技术与数据库技术，结合采购竞价业务流程，提供一个网上适度交互、动态高效的竞价环境。

不管是"反拍卖"还是"拍卖"，呈现出来的都是一对多的商务过程，也是一种商品价格火爆竞争的过程。不同之处在于，二者的服务对象、竞价方向、成交价存在差异。拍卖的服务对象为卖方，而反拍卖的服务对象为买方；拍卖是一级一级向上进行竞价，而反拍卖则是一级一级向下进行竞价；拍卖最终是以最高价成交，而反拍卖最终则是以最低价成交；拍卖为卖方主动，买方之间进行竞争，而反拍卖则是买方主动，卖方之间进行竞争。

现实生活中有不少事例已经充分证明，反拍卖采购技术是节约成本最有效的利器。据相关网站统计，反拍卖采购技术自1999年于美国诞生之后，迅速被电子商务运用。2002—2003年，仅一年的时间，美国采用反拍卖采购技术的公司就从4%上升到8%。通过借鉴和效仿，IBM、GE以及微软等知名公司，甚至一些发展中国家的企业或政府，也都采用该技术。由此足以说明，这种创新的交易方式确实是节约资金的明智选择。

研发公司产品的替代材料

对于生产制造业来说，原材料的价格持续上涨会导致原材料成本在总成本中占据的比例增加。在没有办法既压缩原材料成本，又能保证产品质量的情况下，选择价格相对较低的替代性原材料是降低成本的一种有效方法。而且随着社会的进步和科技的发展，使用替代性原材料已经成为众多电器类生产制造业应对钢铁、有色金属价格上涨的一种重要手段。尤其是耗铜量较大（如电子变压器、管道、电缆、散热器、空调等）的制造业，面对铜资源的日益紧缺，纷纷开始寻找合适的替代材料，在保证产品质量的基础上，通过降低成本，促进销售额的增长。

比如空调连接室内机和室外机的管道，有些消费者更偏爱纯铜材质，因为跟其他材质相比，纯铜管更加结实耐用。但对于空调制造厂家而言，使用纯铜管成本过高，空调进入市场后，价位会高得令普通消费者无法接受。因此铜铝复合管替代纯铜管日渐成为空调业材质发展的方向。针对广大消费者对铝材质的偏见，中国海洋大学材料科学与工程研究院研究生导师赵越教授表示，"铜铝管还有节能和性能的优势"。空调连接管隔热效果越好就越省电，因此无论使用哪种材质，都要在外边包一层保温套管，以提高隔热效果，降低冷量损失。然而因为铜的导热系数是铝的1.8倍，所以说，采用铜铝管更能够减少冷量浪费，提高节能水平。

由此可见，替代材料选择得好，不但可以促使成本降低，还能提升产品质量、优化产品性能。

再比如，某光电组件生产商要生产一种照明箱，这是一种可以在装配线上使用的设备。如果用金属制作的话，其成本为30元；如果用塑料箱制作的话，成本只有6元。而且使用塑料材质，设备的重量就会大大减轻，这样一来，使用与安装的时候也会变得更加方便。最为重要的是，客户使用后也觉得塑料照明箱更好一些。

所以，如果公司以生产某种产品为主，那么无论是领导者还是技术人员，都不能将注意力只放在研发公司未来新的经济增长点的产品上，更要从技术上进行挖掘，对可以使用的替代材料进行深入研究，在产品保质保量的基础上，一方面通过节约成本增加收益，另一方面防止原材料无法及时供应时能使用替代材料，短时间内不至于给公司的利益带来更大的损失。

另外，还需要特别注意的是，使用替代材料绝对不能单纯以降低成本为目的，还要将替代材料对产品整体性能所产生的影响考虑在内。倘若新的替代材料需要在牺牲产品整体质量的前提下才能使用的话，即便成本节省得再多，也没有办法为公司创造经济效益，因为牺牲产品质量就相当于牺牲市场、牺牲客户。所以，在对替代材料进行研发时，应当将产品质量和成本的关系平衡好，科学而细致地进行分析，在保证质量和性能的基础上，节省物质资源，降低产品的成本。

第九章

形成特色，才能在市场上占有一席之地

市场细分是战略的重要前提

要想促使消费者购买本公司的产品，就一定要在细分市场的过程中对消费者需求的差异性有一个充分的认识，并据此制定出相应的营销战略。目标市场营销理论认定，现在公司营销是否能够成功，关键在于细分市场的差异化。只有把握住细分市场的差异化，并以此对目标市场进行选择和定位，最终才可以将市场营销组合计划确定下来。

1969年，菲利浦·莫里斯公司将位于密尔沃基的米勒啤酒公司买了下来，并且利用市场营销的技巧，使米勒公司在短短几年的时间内就跃居美国啤酒业的第二名。

收购之前，米勒公司在全美啤酒行业排名中位于第七，市场占有率也不高，仅为4%，也没有什么突出的业绩。后来在菲利浦·莫里斯公司的经营下，米勒公司在全美啤酒市场的占有率大幅度上升，1983年达到了21%，仅次于第一名的布什公司。不得不说，这是一个令人称赞的奇迹。

为什么新米勒公司能创造出奇迹？原来，菲利浦·莫里斯公司收购米勒公司后，采用了对市场进行细分的营销策略——从消费者的需要跟欲望入手，研究市场，进而细分，并有针对性地进行广告宣传，从而达到促销的目的。

新米勒公司采取的第一步行动就是对原有的单一产品进行定位，重新起了

第九章　形成特色，才能在市场上占有一席之地

一个很好听的名字——"米勒好生活"。其中一个营销广告包括两个镜头：一个镜头是石油钻井获得成功之后两个人疯狂畅饮；另一个镜头是年轻人在沙滩上进行冲刺之后敞开胸怀，一饮而尽。总之，新的营销方案成功地塑造了体力强盛、精力饱满的形象，并喊出了"有空就喝米勒"的口号，从而促使米勒公司成功占领了啤酒豪饮者市场。

新米勒公司还在消费者对啤酒量的需求差异上下功夫，寻找新的细分市场。比如，担心身体发福的妇女跟上了年纪的人认为300毫升的罐装啤酒容量有点儿多，不能一次喝完，于是，新米勒公司专门研发出了一种号称"小马力"、容量约为200毫升的罐装啤酒，一经推出，备受欢迎。

之后，新米勒公司又开发出了一种名叫"莱特"的低热量啤酒，同样获得了成功。尽管也有很多厂家生产低热量啤酒，但他们将节食作为销售点，在做广告时大肆宣称它属于一种节食饮料，导致销售效果很不理想，毕竟大部分节食的人是不愿意喝啤酒的。

而新米勒公司则不同，它选择真正的啤酒爱好者作为"莱特"的销售对象，并且强调这种啤酒喝多了不会出现"啤酒肚"。在广告方面，新米勒公司还专门聘请了一位著名运动员现身说法，证明"莱特"啤酒的热量少，喝多了也不会感到肚子发胀；在包装方面，新米勒公司采用男性雄伟的线条，使外包装看起来像真正的啤酒。借助这些宣传方式，低热量啤酒的销路很快就被打开了。

此外，新米勒公司还专门针对啤酒的高消费群体推出了品质相当好的超级王牌啤酒，定价虽然有点儿高，但仍然大获全胜。新米勒公司此举之所以能成功，关键在于它向高消费群体灌输了这样一种理念：在特殊场合一定要用米勒超级王牌啤酒招待好友。

总之，新米勒公司的成功源于对消费者需求的差异性有一个清醒而充分的认识，并在此基础上细分了差异化的市场。倘若对市场进行细分不能将消费者

需求的差异性或多样性体现出来，比如将低热量啤酒推销给节食者，那么就可能会适得其反。

其实，市场细分这个概念最开始是1956年美国市场营销学家温德尔·史密斯提出来的。它意味着现代公司营销观念的极大进步，是顺应新的市场态势而产生的，也很好地反映出了现代社会消费者在需求上存在的差异化与多样化。

随着市场日益成熟、竞争加剧，市场细分变得越来越细，那么，到底什么是"市场细分"呢？所谓"市场细分"，是指公司领导者通过营销调研，根据消费者的需求和欲望、购买行为与习惯等方面存在的比较明显的差异性，将某个产品的市场整体划分为若干个消费者群的市场分类过程。在这个过程中，任何一个消费者群体都是一个细分的市场，或者说任何一个细分市场均是由有着相似需求倾向的消费者群体组成的。

由此可以看出，对于同一产品的需求与欲望，不属于同一个细分市场的消费者有着十分明显的差异，而属于同一个细分市场的消费者则非常相似，这就要求公司在对市场进行细分的时候应当将消费者需求和欲望的差异考虑在内。

对市场进行细分，可以帮助公司对消费者需求的差异有一个清醒而充分的认识，然后以此为参考点，选择与自身条件相宜的目标市场，使公司在将资源优势充分发挥出来的前提下，为客户提供差异化的产品与服务。

专属概念的公众效应

提起沃尔沃，大家最先想到的是安全；

提起奔驰，大家最先想到的是豪华；

提起沃尔玛，大家最先想到的是平价；

那么，提起你的公司、你的品牌，大家最先想到的是什么？

成功的公司通常只拥有一个概念，并且这个概念在消费者的头脑中形成一种专属形象。这个专属概念就是你的产品和服务与竞争对手最大的不同，即最突出、令消费者印象最深的特点。

很多公司领导者总是喜欢尽全力挖掘产品的所有优点，并且把这些优点一股脑儿地灌输给消费者。其实，强调的优点越多，反而成了没有优点，因为你不可能每样都做得比竞争对手好。不切实际地承诺多个利益点，往往会使消费者觉得情感上受到欺骗，从而激起对过多利益点承诺的一种深层次逆反心理。

看电视时，你最厌烦的是什么？相信90%的人会说，是时间冗长的广告。在这个信息爆炸的社会，消费者的头脑已经很难再容纳多一点点的信息。因此，想让消费者对你的信息印象深刻，只有一个办法，那就是提取关键信息，把你的信息削减到最简单的几个字，然后再传达给消费者。想想看，开车行驶在路上，路边再大的广告牌，你能记住多少个字？

在广告界中，有一个非常著名的USP（Unique Selling Proposition）理论，即独特的销售主张，这是"广告大师"罗瑟·瑞夫斯在20世纪50年代根据达彼思公司的广告实践首次提出的。USP理论的基本要点包括三个方面：

第一，"说一个主张"。无论为哪种产品做广告，都要强调产品具体有什么特殊功效，可以给消费者带来哪些实际利益。

第二，独特。宣传理念一定是竞争对手没有办法做到的，因此要将产品的独特之处说出来，并且在说辞方面也要是无与伦比的。

第三，强而有力。这个主张一定是消费者比较关注的，切记要集中在某个点上，有着足够吸引、感动消费者的力量，从而实现促进消费者购买的目的。

不管你的产品功能与作用机理如何复杂，市场需求有多么丰富，与你在同一时间诉求2—4个概念或者产品多个方面的长处相比，集中诉求一个概念或长处往往具有更大的威力。想要在有限的时间内将自己身上的每一个优点都介绍给消费者，最终只能造成广告资源的大肆浪费。与之相反，坚持不懈地对自己产品最为突出的特点进行宣传，看起来范围有点窄，事实上只要这个突出优点在消费者的脑海中留下深刻的印象，就能促使消费者生成一种专属概念，并在未来的日子里，同类产品中他们会只认你这款。就像沃尔沃，在任何场合、任何广告中都一直强调两个字"安全"。于是，"安全"就成了沃尔沃在消费者头脑中的专属概念。

事实证明，拥有一个专属概念还可以产生光环效应，消费者会自动将其他概念给予你。比如，你宣称自己的汽车是"安全"的，那么消费者就会认定你的这种汽车设计必然非常合理，并且拥有非常好的质量；你诉求自己的产品是"最贵"的，那么消费者就会认定你的产品是最豪华的、品位最高的。

可能你的产品确实具有很多优点，但也要遵循"专属概念"的法则，并将其传达给消费者。当然，你大可把其他优点通过公司别的产品体现出来。比如宝洁旗下有不同的洗发水，每种产品都只有一个专属概念：飘柔——洗护二合一，令你的头发飘逸柔顺；海飞丝——有效去除头屑防止头屑再生；沙宣——由世界著名护发专家推荐，含有天然保湿因子，使头发润泽发亮；潘婷——含有维生素 B5，兼含护发素，令你的头发健康，加倍亮泽。由于宝洁公司赋予不同产品各自的专属概念，并做出了不同的利益承诺，从而满足了具有特定需要的各层次的消费者，使他们分别与某一产品建立起情感上的联系。

多元化不仅是机遇也是陷阱

1989年，毕业于深圳大学的史玉柱正式开启了创业之旅。当时，他白手起家，几千元的创业初始资金还是向亲朋好友借来的。创办公司后，史玉柱开发出一种文字处理系统软件，名字叫作M-6401。为了更好地推销软件，他在《计算机世界》杂志上为自己的产品刊登广告。四个月后，史玉柱挣到了首个100万元，跨入了百万富翁的行列。1991年，史玉柱成立了巨人公司。1995年，在《福布斯》中国大陆富豪排行榜上，史玉柱位列第八。

正在这个时候，全国掀起了一场关于房地产与生物保健品的热潮。为了紧追时代潮流，巨人集团提出迈向多元化经营的口号。其中一个举措就是拿出2.5亿元的资金，在珠海地区修建一座72层的巨人大厦。另外，巨人集团还宣布成立十几个事业部，比如服装事业部、化妆品事业部以及供销事业部等，并相继开发出了几十类产品。但非常可惜的是，这些产品大多都不了了之。

一系列未能成功的投资与花费巨额资金修建的大厦将巨人集团的资金链拖垮了。1996年，巨人集团出现资金危机，直接导致第二年巨人集团没有了可以用的资金。后来史玉柱常说："企业最怕在现金流上出问题，企业亏损不一定会破产，但现金流一断企业就会完蛋。"

由于受到"抓住每一个发展机会""做大一定要多元发展"等思想的误导，

第九章　形成特色，才能在市场上占有一席之地

中国很多公司领导者都会头脑一热，刚刚做大就朝多元化发展，结果往往只能坚持三五年。因为机会虽然是无限的，但公司的资源毕竟有限，竞争也日益激烈，领导者只有将最大的精力用于形成产品核心竞争力，才能够站稳脚跟。

经济学中在投资方面有一条非常重要的原则，即"不要把鸡蛋放在同一个篮子里"。由此说明，经济生活中存在的风险很多，不管哪一种投资方式，都是既有利也有弊的。在这种情况下，人们应该将资金分散开来，投资到不同的领域内，以便得到最大的效益。不过，需要注意的是，这个理论只适用于资本投资，经营类投资则与之相反，而且研究发现，对某个领域有深入研究的话，获得成功的可能性会更高。

作为一种极其重要的经营战略，在 20 世纪六七十年代，西方的大公司广泛地使用过多元化经营，也曾有过不少成功的例子。可是，若想多元化经营，领导者一定要认真考虑公司在进入一个新领域时是否拥有必要的技术、管理能力以及销售能力，且经营的业务不同，这三个要素所占的比重也是不一样的。随着市场发展日趋专业化，20 世纪 80 年代末以来，世界范围内出现了一种趋势——公司回归主业、将核心能力突出出来。

有"常青树"美誉之称的鲁冠球表示，万向集团长盛不衰的关键在于能够紧紧地将自己的主业咬住，不去搞投机，不进入火爆的房地产、建材、汽车以及能源等领域，而是专注地围绕着汽车零部件做大做强。因为在万向集团看来，他们不具备房地产、建材等方面的专业人才，也没有足够的向这些领域投资的能力。

万向集团的发展充分证明了，公司应当先致力于专业化，即便想要实施多元化，也应当在专业化有所保障的基础上，沿着与专业化有关系的领域推行多元化。唯有专业化，公司才能将最有效的资源集中起来，打造出属于自己的核心竞争力。如果公司缺少核心竞争力，那么最终将无法经受住市场的考验，会面临被淘汰的结局。

当然，多元化是一把"双刃剑"。雅虎发现了"金矿"——搜索，第一个研发出了雅虎网站，也取得了很大的成功。然而，雅虎对于自己所取得成功并未满足，很快就走上了多元化的道路。尽管后来不少其他"宝藏"都相继被开发了出来，但最宝贵的"搜索"却被雅虎漏掉了。这就给了谷歌一个机会，使谷歌后来者居上。

所以说，一家公司在做大做强以后，若想实施多元化，一定不能盲目地选择那些所谓的利润非常高的行业或领域，而应当选择与当前产品有关联性的产业，尽量控制在"近亲"的范围内去投资和扩张，从而形成一个产业集群。

第十章

重视宣传管理，能给公司带来无形收入

先定位，再逐渐提升公司的知名度

科龙集团是一个家电类产品的上市公司，生产经营范围主要包括"科龙"空调、"容声"冰箱、"华宝"空调以及"三洋科龙"冷柜等。不难看出，科龙集团的定位是：以"科龙电器"为主，同时推出多个品牌的制冷设备。

准确地对公司的形象进行定位，决定着公司未来的发展方向及目标。那么，如何才能给公司准确定位呢？

1. 定位于优势

在当今这个时代，"好酒也怕巷子深"。如果想在日趋白热化的市场竞争中做个常胜将军，领导者一定要扬长避短，对公司产品的优秀表现加倍重视。在公众面前，公司唯有定位于优势性形象，才能获得大家的肯定和欢迎。比如，法国轩尼诗公司生产的XO白兰地，在做宣传的时候，充分将其"高贵、气派"的形象定位表露无遗，给广大消费者留下了极为深刻的印象。

2. 定位于个性

公司要展现自我个性，就要将自己特有的、无法被别人模仿的东西，如精神、信仰、目标及价值观等表现出来。比如，太阳神集团所展现出来的个性特点就是"健康、向上、进取、开拓、以人为中心";美国IBM公司的个性特点是"科学、进取、卓越"。

3. 定位于理性

告诉消费者,自己公司的优势或者长处,让他们自己判断,进而主、顾双方达成理性的共识。比如,苹果产品的标志是个被咬了一口的苹果,这让消费者一目了然:苹果公司并不是完美无瑕的,也存在不足之处,但苹果人会坚持不懈地努力去弥补这些缺憾。这种对消费者进行引导的理性定位,更容易获得大家的信任和支持。

4. 定位于情感

感性定位是公司普遍采取的对消费者的引导方式,主要表现为:通过向消费者诉情,拉近彼此关系,促使消费者在情感上与公司产生共鸣,进而达成理性上的共识。最典型的就是海尔集团的"真诚到永远",其以情动人的形象在公众心中牢牢地扎下了根。

实现公司形象定位以后,就要考虑提升公司的知名度了。作为公司领导者,你必须明确:唯有提升公司知名度,才能得到更多消费者的青睐,甚至有可能为公司产品赢得一批忠实的粉丝。任何一家公司,知名度和美誉度都是相辅相成的:知名度以美誉度为基础,才可以产生积极的效应;美誉度以知名度为条件,才可以充分地将其社会价值显现出来。

但是,知名度要解决的是信息不对称的问题,是对公司传播自身信息宽度的衡量,并不牵扯信息质量,与信息的深度也没有太大的关系,仅仅是负责传播,并在传播范围内将原有信息质量的绝对值给予扩大。

美誉度则充分体现了公司产品或服务的质量问题,是公司发展的内在依据。

消费者对公司产品或服务的评价则是公司发展的外在表现，而赢得消费者的信赖是提升公司美誉度的核心目的。换句话说，公司的产品或服务得到消费者的认可和肯定，可以引起更多的顾客及供应商来关注，这就成为公司取得现实商业利益的直接源泉或依据。

按照知名度与美誉度的高低组合，我们可以获得这样的矩阵：

高知名度，高美誉度。这是一种十分理想的状态，是所有公司都在追逐的境界。

高知名度，低美誉度。换言之，每个人都知道它，但并不认可，这种状态是比较糟糕的。如果你的公司目前正处于这种状态，那么就应当尽可能地先缩小知名度，从提高产品与服务的质量着手，重新赢得消费者的赞誉。只有质量得到保证时，消费者才会口耳相传，这样一来，无须公司花费大量的资金宣传，公司的知名度自然会渐渐有所提升。

低知名度，高美誉度。这种情况下，公司拥有很不错的口碑，但真正知道的人并不多。因此，未来的主攻方向应当是在继续保持产品质量的前提下提升公司的知名度，进行全方位的促销活动、营销推广以及公共关系活动，因为有时"好酒也怕巷子深"。

低知名度，低美誉度。公司影响力小，口碑也不好，这是经营公司最糟糕的一种状态。要想彻底扭转这种局面，领导者需要花费更多的时间、精力和财力，否则终有一天会被市场淘汰。

给公司设定一个崇高的使命

对于一家公司来说，使命是其崇高的、最有价值的、最根本的责任与任务。如果领导者没有使命意识，就会目标不清晰，加之受各种不良思想的影响，有可能沦为市场的投机者或者赌徒，最终以失败告终。通过调查与研究，我们可以看到，二十多年来，很多没有崇高使命感、拼搏于国内市场、曾经红极一时的公司，如今都已经慢慢从成功者的名单上消失了。

如果仔细对其成功和失败的轨迹进行研究，不难发现，导致这些公司领导者失败的是他们没有搞明白一个问题——创办公司最根本的目的是什么。

认真思考"为何要创办公司"这个问题，才可以归于根本；而唯有归于根本，公司才会可持续发展。作为一家飞速发展的公司，领导者应立足公司使命，每天需要考虑的应该是怎样提高公司产品或服务的竞争力，促使公司的长远目标早日得以实现。

对于任何一家公司来说，必须有发展的动力，而且这种动力应当是持久的，因为它所肩负的崇高使命是公司不断发展的源泉。

公益活动是公司扬名的一种有效途径

名利双收不仅适用于个人，也适用于公司。公司有了一定的知名度后，消费者就会知道，一旦得到大家的认同，引发他们的购买行为，公司的收益自然而然就会增加。所以说，一位优秀的领导者往往对公司的名誉是异常重视的，甚至会竭尽所能地为公司营造最佳名誉。

如今越来越多的公司领导者开始注重做社会公益活动，为什么？因为投身公益活动不但对大众有利，也有助于提升公司名誉，无形中促进公司本身的发展。举个例子，日本有一家规模不大的小公司，主要生产衣、帽与日常生活用品，就是因为坚持做公益活动，才让更多的人知道了它，再加上其生产的衣、帽的质量很好，销量一路攀升。

原来，这家公司专门在距离公司不远的地方建了一个十分漂亮、小巧的亭子，以便让经过此处的路人休息与乘凉。不但这样，他们还在亭子中准备了一些饮料，来此落脚的行人可以免费喝两杯。另外，遇到下雨天，公司还会将一次性的雨披放在亭子中，供那些上班或出行没有携带雨具的人使用。小亭子的旁边是该公司产品经营情况的介绍以及陈列着公司产品的橱窗。

因为这个小亭子确实给很多人提供了方便与实惠，所以不管是居住在附近的人还是经常路过这里的人都知道它。时间长了，人们还为它取了一个"爱的小屋"的雅号。越来越多的日本人通过各种各样的途径了解到这个小亭子和它的设立者，"爱的小屋"的名气随之越来越大，甚至吸引不少来日本旅游的外国游客专门过来参观。随着"爱的小屋"美名远播，该公司的衣、帽销售额一路攀升，甚至不断刷新着销售纪录。

可见，进行公益活动也是公司扬名、创收的一种途径。作为公司的领导者，想要将公司做大做强，条件允许的情况下，真的需要适当参与社会公益活动，这么做一方面能回馈社会，另一方面也能提升公司的影响力和业绩，何乐而不为呢？

通过公关维护公司形象

在现代公司的经营管理中，公关是一个极为重要的环节——公关做得好，不仅能够维护公司的形象和名誉，还能化干戈为玉帛，给公司带来一笔无形的收益。如果说以前很多公司不太重视公关活动的话，那么如今大部分的公司只要具备一定的条件和能力，都会成立公关部门，或者准备一笔资金专门用作公关费用。

一家网店加实体店联合经营的日用百货公司，因为其产品物美价廉，赢得了很多消费者的青睐，公司的发展也蒸蒸日上。

后来，某电视新闻节目播出了一条关于该公司的新闻，说该公司涉嫌销售假冒伪劣产品。结果，这个消息不胫而走，该公司的网站上、博客上每天都会有不少人留言，说该公司是骗子公司，欺骗消费者，或者是其他批评、谩骂的话。更让人想不到的是，公司的名誉不仅受损，产品的销量也直线下降。

对此，该公司的领导者召集各层管理者开会，为了能够顺利解决这个问题而征求大家的意见。会上，有人提出了以下的公关策略：

首先，在该公司网站与博客上写一篇非常诚恳的"道歉信"。在这封"道歉信"中，要态度真诚、语言恳切，向消费者郑重承诺：凡是因为使用本公司产品而遭受损失的顾客，可以提供相应凭证，公司相关人员确认属实后，会在规定时间内，根据实际情况予以相应的赔偿。

其次，公司方面向广大消费者保证，今后会加大管理力度，严把质量关，一旦在质检过程中发现不合格产品，一定责任到人，寻找出现问题的根源，并视情节轻重给予相应的处罚。

再次，为了保障公司产品的质量，恳请广大消费者提出自己的宝贵意见与建议。

最后，在"道歉信"的结尾，附上该公司老板及所有员工的签名。

该公司领导者同意了这个公关策略，当然，除了将"道歉信"发在公司网站和博客上，他还安排市场部经理联系各网站媒体，或转载，或发消息。据说，这封"道歉信"出现后，有数千人跟帖，其中绝大多数人都表示可以理解，并希望该公司能够站在消费者的角度，把这个问题处理好。

上述案例中，该公司凭借一封"道歉信"进行了一次危机公关，成功地为公司挽回了受损的名誉和大批的顾客。其实，在现代社会中，互联网日益普及，已经成为人们生活中不可缺少的一部分。公司的领导者在做公关工作的时候，完全可以借助网络这个便利的工具，建立自己的网站、微博或者微信公众号，除了在上面发表一些介绍公司产品或服务的文章，以期更好地推广，提高公司的知名度之外，还可以在发生跟上述公司类似的情况时，借助这些平台，用最小的代价、最快的速度挽回公司的名誉和客户，顺利实现公关的目的。

总而言之，作为公司的领导者，要全面、充分地认识到公关工作的重要性，并给予公关活动足够的重视。只有这样，才能让公司在公众面前保持良好的形象与名誉，进而为公司带来更大的利益。

赢得顾客的支持

经营一家公司，领导者需要处理的关系实在是太多了，其中最重要、最常见的是公司与顾客之间的关系。如果处理不好这个关系，其他的一切都无从谈起。那么，公司与顾客之间究竟存在什么样的利害关系呢？

提到这个话题，很多人可能脱口而出："顾客就是上帝。"的确，我们常常听到这类话，或者看到类似的话以不同形式被张贴、悬挂在饭店、商场等地方。但是，问题的关键在于，公司的领导者心里到底是为顾客的利益着想，还是想着怎样让顾客心甘情愿掏出兜里的钱来购买自己公司的产品或服务呢？

实际上，面对公司领导者这两种不同的选择，顾客也会展现出不一样的"上帝"的面貌——是对公司未来的发展产生极大影响，还是只对公司目前的收益起到短暂的作用。相信聪明的领导者都会选择前者，即维护顾客的利益，从而赢得他们的支持，为公司未来的顺利发展增加助力。

那么，如何才能做到维护顾客的利益，与他们搞好关系，并赢得他们真诚的支持呢？

1. 听取顾客意见，开发他们需要、满意的产品

一家公司在制造产品或规划服务时，领导者如果能虚心地听取顾客的建议，并采纳那些确实能改进产品质量和性能的建议，必然会得到顾客的认同与欢迎。比如，美国福牛品牌的汽车在进行设计的过程中，公司领导者向顾客征求意见，对比较合理的予以采纳，将原设计产品进行改进，结果，新产品连续几年都取得了加州汽车销量第一名的好成绩。

2. 对顾客负责

1886年，罗伯特·约翰逊创建了强生公司。当时，罗伯特·约翰逊本着对顾客负责的态度，给公司定下了这样一个目标——"减轻痛苦和疾病"，而不是赚取最大利润。后来，罗伯特·约翰逊的儿子又在此基础上提出了"开明的利己主义"，进一步强调顾客的利益应当位于第一位，公司及公司员工的利益排在第二，股东的利益排在第三。

1982年，芝加哥地区发生了一件震惊世人的事：7人因为服用强生生产的"泰诺"止痛胶囊而丧命。后来查实，有人——不是强生公司的工作人员——将氰化物加入了瓶装的"泰诺"中。尽管发生中毒死亡事件的地区只有芝加哥，但强生公司仍然立刻召回了整个美国市场上价值近1亿美元的"泰诺"。与此同时，强生公司还发动员工向社会公众进行宣传，以防中毒事件再次发生。

强生公司虽然付出了惨重的代价，却将"顾客利益第一"的经营理念传递给了每一个人。负责对这件事情进行处理的员工更是以诚恳的态度、专业的精神，让每一个美国人都深深地感受到了强生弥补"过失"的诚意。

如今，强生公司已经成为著名的世界500强企业之一，但它的基本思想和信条自始至终没有改变，依然是"顾客利益第一"。正是这种顾客至上的理念，不仅让强生获得了丰厚的回报，仅仅"强生"这两个字，就足以成为顾客购买其产品的理由。

第十一章 11

提升竞争力，是从市场中脱颖而出的唯一选择

提高盈利能力才有资格谈竞争

公司在发展的过程中，不能只对规模扩张予以重视，而忽视公司的盈利能力的提升。专家表示，如果公司想要主业出众、资产优异，就必须实现从"做大"到"做强"的战略转型，促使核心竞争力与持续发展能力得到大幅度的提升。

对新手创业者来说，应该怎么做才能从"大而不强"这道坎上跨过去呢？

1. 强力"治散"

在产业、布局及管理等方面，不少公司都会出现非常分散的现象，主要表现在：（1）产业分散。产业跨度相当大，各行各业基本上都包括了，但实际上不少产业与主业没有多大的关系，在不同程度上存在着"大而全"或者"小而全"的弊端。（2）布局分散。主业的产业布局缺乏较高的集中度，尤其是某些加工行业，距离资源与市场都比较远，有布局不恰当、产—供—销脱节等问题。（3）管理分散。有些行业存在管理层次太多、机构重叠、决策分散等多种问题。另外，有些行业在物资采购、科研开发、商标品牌战略以及产品销售等方面也表现出散乱的状况。

一家公司之所以乱，之所以弱，之所以败，其根源就在于"散"。"散"的弊端主要有以下四点：（1）导致资源配置与利用的效率比较低，很难提高集中度，很难实施区域性优化；（2）导致多头对外、没有秩序竞争，使整体竞争力与控制力被削弱；（3）导致内部管理失去控制，监督不到位，造成效益流失与资产受损；（4）产生与助长"本位主义"意识，使整体凝聚力与执行力被削弱。

总而言之，公司若想"大而强"，就必须强力"治散"，把影响公司可持续发展的主要矛盾和问题解决掉。

2. 提高主业的核心竞争力

公司全面提高市场竞争力与持续发展能力的根本在于突出核心业务，将主业做大做强。为此，公司必须做到以下几点：

（1）完善市场营销网络，从而促使市场占有率得以提高。对公司原有营销网络进行整合，对资源的配置进行合理优化，统一管理市场拓展、营销策略以及销售业务。

（2）对生产进行适当优化，如不失时机地投入人力、物力、科研力量、资金等，以保证持续将公司做大做强。

（3）紧跟科技步伐，加强技术创新，从技术上为公司的持续发展提供有效支撑。

做好公司竞争能力的统计和分析

所谓"公司竞争能力统计分析法",指的是一种通过对两个彼此联系的、可以表示公司竞争能力的指标进行对比,将公司竞争能力的强弱反映出来的统计分析方法。

由于公司竞争能力体现在多个方面,如产品质量、品种、价格、成本以及销量等,因此在分析公司的竞争能力时要尽量做到全面。

1. 产品质量竞争能力分析

产品质量是可以将公司产品竞争能力反映出来的一个主要标志。一般来说,在分析产品的质量时,只能根据质量标准做检查与对比。如果是和国外的产品进行比较,应以国际质量标准作为依据;与国内其他产品进行比较的话,就要以国家质量标准为依据。凡是无法用质量标准衡量的产品,生产公司可以自己制定标准,即公司质量标准。

以质量标准为依据对产品进行对比检查而发现问题时,公司领导者应当先从产品自身、公司内部进行分析并寻找原因,到底是产品设计出了问题、制造精度控制出了问题,还是原材料、外购件、外加工件有质量问题,抑或是生产管理混乱导致的等,弄清之后及时采取相应的解决措施,促使产品的质量在原来的基础上得以提高，达到或超过质量标准的要求。

2. 产品市场占有状况分析

对于一家公司来说，市场既是竞争的场所，也是公司施展其能力的舞台。通过对公司产品在市场的占有进行分析，可以很好地将公司竞争能力的强弱与适应能力的高低反映出来，从而验证公司的发展战略和营销决策是不是正确的。

公司产品市场占有情况的分析指标包括市场占有率与市场覆盖率。

市场占有率＝本企业产品销售量/市场上同类产品销售量 ×100%

市场覆盖率＝本公司产品投放地区数/全市场应销售地区数 ×100%

这两个指标都是针对一定的地域范围来说的。它们可以从深度与广度两个方面对公司产品的市场占有情况进行说明。在具体分析的时候，应当把这两个指标结合起来进行考察，因为市场占有率与市场覆盖率二者同时对公司产品的销量起着决定性作用。

市场占有率与同行业中市场占有率比较高的公司进行比较，叫作相对市场占有率。其计算公式为：

相对市场占有率＝本公司某种产品的市场占有率/同行业在市场上处领先地位的前三名竞争对手市场占有率的总和 ×100%

通过对相对市场占有率进行计算，可以对本公司和同行业公司中同类产品高市场占有率的相对关系有所了解，同时也能对本公司是不是处在有利的竞争地位进行判断。倘若相对市场占有率比100%大，那就说明公司处在有利的地位，应当马上对产品质量、产品价格等方面采取一定的措施，以便更好地开拓和扩大市场。

3. 公司外部环境分析

分析公司外部环境，可以将有利于公司发展的市场机会与不利于公司发展的问题找出来,为制定可以与外部环境变化相适应的营销策略提供依据。当然,公司外部环境包含多方面的内容,比如政治、经济、技术以及环境等,在具体的分析过程中,要先抓住国家政策、需求、供应者、竞争者、新产品开发、产品和原材料价格及银行利率的变化等重大问题,然后做市场需求分析与竞争形势分析。

(1)分析市场需求

首先,进行市场分组。将公司产品的总体市场划分成若干个子市场或者市场面,以便将有利的市场(地区或用户)找出来。

其次,分析对市场需求有影响的因素。通常来说,能够对市场需求产生影响的因素是多方面的。应当通过市场调查推测这些因素将来的发展情况,从而在市场对公司产品的需求动向上做到心中有数。

最后,分析市场供求关系。公司在对生产销售计划进行制订的时候,务必提前对市场的供求关系进行分析。到底是提高还是降低产品的销售价格,公司领导者必须对产品的供求情况进行分析后,再做出最终的决策。

(2)竞争形势分析

首先,分析竞争因素。竞争因素除了现有同行业公司之外,还包括用户、供应者、潜在竞争者及新产品。只有对这些因素进行分析之后,才能够全面地了解竞争情况,为制定可行的竞争策略提供充足的依据。

其次,分析竞争范围与内容。比如,在什么范围内进行竞争,与谁进行竞争,竞争的内容是什么……只有对这些进行细致分析,才能更好地了解公司产品的市场机会及其可能存在的风险。

4.公司内部环境分析

之所以要对公司内部环境进行分析,主要是为了弄清楚相较于竞争对手,公司在内部条件上存在什么样的优势和劣势，以便领导者更好地扬长避短，有效地对现有条件进行利用，通过控制内部的方式去对外部环境的变化进行适应。需要注意的是，对内部环境进行分析，应当重点分析现有产品的质量、品种、价格；销售情况；现有生产能力与新产品的开发能力；财务与筹集资金的能力；设备与人员状况等。

树立良好竞争心态，多了解竞争对手

面对激烈的市场竞争，有些公司过早地凋谢了，有些公司却能够存活下来。究竟是什么原因造成的呢？其实，有些公司能够存活下来，主要归功于其高度的竞争意识与竞争力。

那么，在发展的过程中，领导者该如何增强公司的竞争力呢？

1. "三只眼理论"与"浮船法则"

海尔集团时刻关注市场竞争，为了快速发展，提出了"三只眼理论"与"浮船法则"。所谓"三只眼理论"，是指公司对员工、用户、相关政策进行跟踪，随时了解它们的动态，抓住飞速发展的机遇；而"浮船法则"是市场竞争里的一种思维方式——做产品就要精益求精，只要能比竞争对手强一点儿，且不低于市场水平，就能掌握主动权，更快地抢占先机。

2. "快鱼吃慢鱼"

"快鱼吃慢鱼"的意思是说，公司领导者要懂得"抢先战略"，这是取得市场竞争最终胜利的一个非常重要的前提条件。大量实践已经证明，在其他诸因素一样或者基本情况相同时，谁能够抢占商机，谁胜出的概率就会大一些。

可见，面对激烈的市场竞争，抢先的速度已经成为获胜的关键性因素。站在市场经济的角度来看，时间对于资金、生产效率等方面来说尤为重要。打个比方，倘若羚羊的奔跑速度快不过狮子，那么它一定会葬身狮子的腹中；倘若狮子连速度最慢的羚羊都跑不过，那么等待它的必然是被饿死的结局。总之，在经营和管理公司的过程中，只要发现商机，领导者一定不能拖延，要赶紧行动起来。

3. 炒豆理论

一个温州商人曾经说过这样的话："我们温州人既会干事，也会作秀！豆子要不断翻炒才能熟，经商办企业更应该炒，炒才能成就大业。"

一个台州商人则表示："我们台州人比较务实，很会干实业，办实事，但我们也想作秀，有实干的基础，再作些秀，不是更好吗？可惜我们好像缺少这个天分。"

相比之下，温商的"作秀"才是将眼球经济的精髓挖掘了出来。

在商业竞争中，公司往往需要持续地应对来自各方的挑战，其中最多也最激烈的是来自其他同行公司的挑战。两个公司间的竞争，实质上是领导者间勇气的竞争、智慧的较量，特别是两家公司实力差不多时，较量就会变得更加惊心动魄。这个时候，领导者除了要做多方面的准备，更要提前摸清对手的情况，做到知己知彼。相对来说，知己更容易一些，知彼则显得比较困难但特别重要。

若想全面了解对手，领导者就要通过各种渠道和方式搜集信息，或者像日本三井公司的益田孝那样，完全依靠严谨的大脑分析与判断，最终做出正确而明智的选择。

日本的三井集团与三菱集团一直视彼此为强劲的竞争对手。有一次，在对三池煤矿的收购权进行招标时，三井集团与三菱集团又狭路相逢了。究竟应该用多少钱进行投标呢？两家公司除了要尽可能争取用最低价格收购外，还必须将对方可能给出的价钱考虑在内，如此一来，才能在投标时一举获得成功。

作为三井集团领导人的益田孝经过反复思考，觉得三菱集团最可能投400万日元，于是对投标金额进行了调整。但是到了第二天，益田孝又想：三菱公司可能也是如此推测的，于是又一次对投标金额和投标方式做了改动。

开标的时候，第一个人的投标金额是455.5万日元，第二个人的投标金额是455.27万日元，第三个人的投标金额是427.5万日元，三井集团的投标金额为410万日元，位居第四。看到这里，有人可能会感到费解，怎么没有三菱集团？而三井集团又怎么排在第四呢？

原来，为了稳妥起见，益田孝委托经销商参与投标，金额分别是455.5万日元和427.5万日元。而三菱集团认为三井集团最有可能投455万日元，因此准备在这个基础上增加2500日元，但考虑到益田孝会猜到这一点，给出相同的价钱，于是又加了200日元，投标金额最后就成了455.27万日元。招标方权衡之后，认为投标金额427.5万日元最为合适，于是三井集团在这次招标活动中大获全胜。

不得不说，在这回的较量中，由于三井集团的益田孝更了解竞争对手的实力与情况，并经过缜密地思考与分析，最后才战胜三菱集团，将三池煤矿的使用权拿到手，并把它转化成一个宝库，每年给三井集团带来超过10亿日元的利润。由此可以看出，要想在同行业中脱颖而出，了解对手是多么重要！

第十一章　提升竞争力，是从市场中脱颖而出的唯一选择

公司成长的秘密是合作

我们常说"同行是冤家"，如今不少管理者也形成这样一种定势思维，使得他们在处理跟别的公司的关系时，经常搞得非常紧张。其实，根本不需要这样，换一个角度和方式去想，事情或许会变得更简单、更容易一些。

小天鹅洗衣机是一款拥有众多消费者的畅销家电产品，而碧浪洗衣粉则是一个耳熟能详的洗护用品，它们的生产者分别是著名的小天鹅公司与宝洁公司。为什么把这两个品牌放到一起说呢？是因为它们的合作对各自的发展产生了积极的影响。

对于很多忙碌的都市人来说，根本没有充足的时间手洗衣物，尤其是床单、被罩、窗帘等大件物品，况且手洗是极其费力的一件事。这时候，选择使用高效能的洗衣机和洗衣粉或洗衣液，最终也能达到满意的预期效果，把需要清洁的物品洗得干干净净的，还更省时省力。由此可以说，洗衣机跟洗衣粉、洗衣液是密不可分的鱼与水的关系。在这种情况下，身为家电公司的小天鹅是如何跟做日化用品的宝洁公司融洽合作的呢？它们用实际行动告诉所有人：作为生产企业，只要有利益共同点，就可以像犀牛跟牙签鸟一样，和平共处、互惠互利。

原来，小天鹅公司在各大商场展销自己的洗衣机时，也会不遗余力地向消费者推荐使用碧浪洗衣粉。顾客购买小天鹅洗衣机之后，往往能在包装箱中发

现三件东西：一小袋宝洁公司免费提供的碧浪洗衣粉，一本关于洗衣机和洗衣粉使用说明的小册子和一张不干胶的宣传广告。

值得指出的是，使用说明的小册子首页印着这样一幅画面——蓝蓝的天空中飘着朵朵白云，小天鹅洗衣机和碧浪洗衣粉自由地徜徉在蓝天白云下，"小天鹅全心全意推荐碧浪"这一行大字清晰而醒目。翻开小册子，最先映入眼帘的不是小天鹅洗衣机的信息，而是碧浪洗衣粉的介绍。

与小天鹅洗衣机的促销方式相呼应，碧浪洗衣粉的外包装袋上印有小天鹅洗衣机的图案，而且跟小天鹅洗衣机一直强调的"选择合适的洗衣粉，才能洗净衣服和保护洗衣机"相同，碧浪洗衣粉则极力强调"选择合适的洗衣机，才能充分发挥洗衣粉的洗涤功效，对衣物起到保护作用"。经过仔细研究，小天鹅洗衣机跟碧浪洗衣粉最终达成了共同的宣传文字，即"全心全意带来真正干净"。

无论是小天鹅公司还是宝洁公司，都拥有非常强大的实力，所以二者的携手堪称强强联合，彼此之间的通力宣传更是很好地实现了双方互惠互利的目的。这也充分说明，面对市场和消费者，公司之间不一定是"你死我活"的恶性竞争关系，只要有利益共同点，就有机会和睦共处、共生互利。

第十二章

如何做，客户才能对你足够忠诚

以诚为本，主动培养忠诚客户

众所周知，李嘉诚曾经是华人首富。当年，他创办"长江塑料厂"，在最艰苦的时候遭遇了竞争对手的恶意拍照——竞争对手将镜头对准了他那又破又旧的厂房与工人们，并将这些照片登在了报纸上，企图借此诋毁李嘉诚。事后，有人建议李嘉诚重新给产品换个包装再进行宣传。对此，李嘉诚表示拒绝，并背着自己工厂生产的产品找到经销商，非常真诚、恳切地告诉他们，当前自己的工厂正处于创业阶段，看上去是破了点，而且作为厂长，自己也憔悴且衣冠不整，但是他们设计的塑料花质量是绝对有保证的，并诚挚邀请经销商随时可以去他的工厂参观。

对于李嘉诚的勇敢与真诚，经销商感到很惊奇，加之塑料花的品质的确不错，所以李嘉诚最终赢得了经销商的认可与赞扬。于是，一个又一个经销商选择去李嘉诚的工厂参观并订货。

可以说，诚信是帮助李嘉诚取得成功的最有力的武器。倘若李嘉诚光盯着"形象公关"，在"形象公关"上花费太多的精力，反而不容易说清楚。而他选择以诚为本，诚信做人，将主要精力花费在产品上，以品质取胜，最后反倒赢得了经销商与消费者的认可，获得了成功。反观现在的很多公司，正面临着"诚信缺失"的严峻挑战。尤其是在市场营销过程中，诚信缺失已经相当严重了，

第十二章　如何做，客户才能对你足够忠诚

频频出现广告内容华而不实、假冒伪劣等现象，不仅违反了社会公德，还对消费者的权益造成极大的损害。

诚信既是中华民族的传统美德，也是现代公司必须遵守的基本原则。所谓诚信，顾名思义包括两个方面——"诚"与"信"。"诚"主要是指诚实、诚恳；而"信"则主要是指讲信用、信任。在市场经济，诚信又要求我们务必做到遵纪守法、诚实守信、以诚待人、以信取人。

曾经获得过诺贝尔经济学奖的道格拉斯·诺思曾表示，"自由市场制度本身并不能保证效率。一个有效率的自由市场制度，除了需要有效的产权与法律制度相配合外，还需要在诚实、正直、合作、公平、正义等方面有良好道德的人去操作这个市场。"美国著名学者弗朗西斯·福山在一本名为《信任：社会美德与创造经济繁荣》的书中预言：21世纪是一个信誉的时代，哪个国家拥有最高的信誉度，哪个国家就能得到更为宽广的市场。

在市场营销中，公司不可避免地要对客户做出各种承诺，对客户来说，公司的承诺是他们的定心丸。一旦公司给了客户承诺，就要努力兑现。因为每次客户完成购买后，他们的满意度决定了下次是否还会继续选购你的产品或服务。如果客户满意，可想而知，在将来有新的需求时，他们还会回来找你；但如果不能令客户满意，那么他们就会对你的承诺失望，下次自然会另找他人。况且承诺不是随便说说就可以的，做出承诺的前提是你能确保一定可以做到，否则就不要轻易地给客户许下诺言，因为失信于客户会更容易导致合作失败。

无数事例证明，公司与客户之所以会产生矛盾，80%的问题都出在没有兑现承诺上。有的公司为了将客户的购买积极性调动起来，经常脱离实际，随随便便地给客户许下承诺。当客户将产品买回去之后，发现自己上当受骗，当初那些承诺根本无法兑现时，无疑会失望、气愤。而且信任危机一旦产生，双方之间的关系就会受到影响。

如果发生意外，实在没有办法兑现承诺时，公司负责人一定要及时真诚地

向客户道歉，倘若因此损害了客户的利益，能补偿的要给予相应的补偿，切不可推卸责任为自己找借口。因为不管什么样的理由都是无用的，客户记住的只会是你的不守信用。所以，与其想尽办法找借口推卸责任，还不如先诚恳地承认错误，然后再竭尽全力地将危机化解，从而促使公司朝着好的方向发展。而且当你勇于承认错误，敢于承担责任，并且尽可能地想办法去补救时，大部分的客户不仅不会远离你，甚至还会对你更加信赖。

第十二章　如何做，客户才能对你足够忠诚

加大对老客户的投资力度

A公司和B公司是两家同等规模的建材公司，实力也相当，在业务上是强劲的竞争对手。两家公司为了争夺业务，彼此展开了激烈的客户争夺战，但是依然没能一下子拉开彼此的差距。后来，A公司找了一家咨询公司，并听取了咨询公司的建议——将精力更多地放在老客户身上。结果不到两年的时间，A公司便迅速超越了B公司，成为该行业的老大。

一家公司要想生存下去，要想发展壮大，首先要做的就是创造利润。由于客户对公司产品的购买是公司利润的主要来源，所以不管是新客户还是老客户，公司都要维护好。目前，大多数公司的做法是将更多的精力放在赢得新客户上，对老客户给予的重视度相对欠缺，实际上这种做法很容易导致原有老客户大量流失，不利于公司后续的发展。埃森哲曾经对美国与英国很多行业的客户做过一项调查，结果显示，在过去的一年中，60%的人改变了对某家公司的忠诚态度，64%的人表示可能或者极有可能转向另一家公司。而另外一项调查也表明，客户忠诚度的数字是让人灰心失望的，大多数公司每五年平均丢失约50%的客户。

的确，对于公司营销来说，开发新客户是相当重要的，但是在产品供求关系为供大于求且竞争趋向于白热化的情况下，能够开拓的新市场是很有限的，而且还需要付出很高的成本。根据"漏斗原理"，在老客户持续流失的情况下，为了能使销售额保持下去，公司一定要连续不断补充"新客户"，这样才可以不断地循环下去。但是如果公司一年中丢失100个老客户，同时又获得100个新客户，表面上看这并不影响公司的销售业绩，事实上并非如此，它对公司的长远发展是极为不利的。将赢得新客户与维持老客户各自需要支付的成本进行认真细致地比较，你就会发现，相较于留住老客户，吸引新客户所付出的代价要大得多，与最终得到的收益也不成正比：

吸引1个新客户的营销费用足以维持5个老客户；

首次与客户进行交易的成本是第二次交易成本的5—10倍；

向新客户推销的成功率为15%，而向老客户推销的成功率为50%；

倘若将每年的客户关系保持率增加5%，可以使公司的利润增长85%；

公司60%的新客户源自老客户的推荐。

而且，从公司投资回报率的角度来看，这也是相当不经济、不明智的做法。美国哈佛商学院曾经分析过客户整个购买生命周期内公司对其服务的成本及由此产生的收益，最终得出了这样的结论：对于每一个行业而言，初期为了得到客户而支出的高成本使得公司没有办法盈利；但是在之后几年，随着为老客户服务的成本不断降低以及老客户购买额的持续提高，由此带来的收益是巨大的，且回头客每增加5%，获得的利润会依据行业的不同而增长25%—95%。

客户所具有的价值，并非他购买一次的金额，而是他一生中可以带来的消费总额，其中包括他本人的消费，以及在他的影响下其亲朋好友的消费，如此累积起来，数目是非常惊人的。假如一个客户每次消费10元，每两天消费一次，以10年进行计算，就是10×365÷2×10=18250元。再假如，该客户在10年中又对10个人产生了积极影响，促使他们也都变成公司的客户，那么购买总额将会在原来的基础上增加大约10倍。

此外，将老客户留住，还能促使公司在更长的时间内保持竞争优势。比如，

IBM营销经理罗杰斯总结成功秘诀时这样说道:"大部分公司营销经理想的是争取新客户,但我们的成功之处在于留住老客户;我们IBM为满足回头客,赴汤蹈火在所不辞。"可见,加大对老客户的投资力度极其重要。

学会引导新客户的期望值

如果去农贸市场买菜，即使小摊贩的言行举止不太优雅，我们一般也不会计较太多；如果去规模较大的超市买东西，营业员的言行举止若表现得跟小摊贩似的，我们往往不能接受，认为该超市的服务很差。为什么同样的行为，我们会产生不同的感觉？关键在于期望值不同。

所谓客户期望值，就是客户认为公司提供的产品和服务应该达到的某种状态和水平，包括质量、标准（包括定量标准和定性标准）等。但是，让客户满意，并不是说要满足客户的任何需要。事实上，也没有一家公司、一样产品能够真正无限制地完全满足客户的所有期望。被称为"现代营销学之父"的菲利普·科特勒表示，所谓"客户满意"，指的是一个人通过对某产品的可感知效果与自己的期望值比较之后，所生成的愉快或者失望的感觉状态。亨利·阿塞尔也认为，当商品的实际消费达到甚至超过消费者的预期时，客户就会感到满意，反之，客户就会觉得不满意。

由此可以看出，满意水平是可感知效果与期望值之间的差异函数。在公司所提供的产品、服务不发生变化的情况下，客户的满意水平和期望值是成反比的。也就是说，期望值越低，对产品、服务的感知效果就越好，客户的满意水平就越高；期望值越高，对产品、服务的感知效果则越差，客户的满意水平就越低。

因此，提升客户对公司的满意度，领导者就要竭尽全力地做好产品或服务，从而达到甚至超过客户对产品或服务的期望值。那么，具体应该如何做呢？第一，不断提高产品与服务的质量和水平；第二，对客户的期望值进行监督。提高与控制，必须两手抓，不能偏向任何一边。如果单方面强调产品或服务而忽视了对客户期望值的控制，即便自己的产品质量再好，提供的服务再周到，客户也可能会不满意，因为客户对产品与服务的需求是随实际情况不断变化着的。

所以，我们应当积极主动地对客户的期望值进行适当引导，使之维持在一个合理范围内。与此同时，客户的期望值还要跟客户的体验协调一致。这样一来，就需要领导者设立完备的管理体系。

1. 在评价产品与服务时，要客观真实

有些公司为了提高业绩，塑造良好的形象，往往会在宣传或销售中夸大自己的产品或服务，借此来提升自己的价值。特别是有些产品在推广活动中，其功效更是被销售员吹得天花乱坠，从而人为地给客户制造了一个很高的期望值。

实际上，这种推广手段存在欺骗性，不仅起不到良好的效果，还会降低客户对公司的信任度。当客户将公司的产品买到手之后，发现该产品与自己的期望相差甚远，特别是这种期望还是销售员当初承诺能达到的，那么客户就会将所有的责任推到生产该产品的公司身上。

因此，无论是公司领导者还是员工，抑或是销售员，在对公司的产品或服务进行介绍时，应当客观而真实，既不能肆意夸大，也不能有所隐瞒，根据客户的需求与公司可以提供的服务情况，客观地对自己的产品与未来的发展前景进行描述。客户最开始了解你，是为了建立对你的产品的信任。如果你采用"引诱"的方式与客户进行沟通，那么最后必然会搬起石头砸自己的脚。尽管短期

内你也有可能获得一定的收益，但那是用公司的诚信换来的，当有一天诚信度耗尽，公司势必面临巨大危机。

2. 有效地与客户进行沟通

在营销的过程中，公司与客户之间经常会出现信息不对等的情况。很多时候，客户对公司的产品或服务认识不到位，致使客户实际感知的服务和期望值之间有着不小的差距，进而大大降低了客户的满意度。

所以，相关人员在将产品或服务介绍给客户的时候，必须和客户进行有效的沟通与交流。一方面，能更全面地对客户的真实意图进行了解，弄清楚客户对产品或服务的具体要求，以免因为对客户的心思猜测不准而产生不必要的误解；另一方面，可以及时而准确地将产品或服务的信息传递给客户，有效地对客户的期望值进行了解与引导。

3. 谨慎地对待客户的额外要求

虽说"顾客就是上帝"，但并不意味着"上帝"的任何要求都必须予以满足，实际上也没有办法真正做到这一点。倘若客户提出的所有要求，即便不应该由公司承担，公司仍然选择予以满足的话，那么客户就会慢慢地习惯成自然，认为这是他们应有的权利，公司理所应当这么做。只要公司后期哪怕有一次没能满足客户的那些额外要求，他们就会对公司产生不满的情绪。

所以，面对客户提出来的额外要求，公司上下必须谨慎对待。当然，并不是说公司对客户的要求不予理会，否则的话，客户更会对公司不满。比较明智的做法是：每一个人都要明确公司产品与服务的内容，让客户清楚地知道他所提出的那些要求都是额外的，然后根据实际情况力所能及地帮他将问题解决掉。事后，相关人员最好能对客户的额外要求进行总结，作为提升产品性能与服务质量的依据。

最好的服务是不需要服务

或许你听说过这样一句话："最好的服务就是不需要服务。"这句话应该怎么理解呢？我们不妨先看看下面这个小故事。

有一个男孩，从事替人割草的工作。有一天，他给陈太太打电话，询问道："您是否需要割草呢？"

陈太太回答说："不需要，我已经有一个割草工了。"

男孩："我可以帮您将花丛中的杂草拔掉。"

陈太太："我的割草工已经完成了你所说的工作。"

男孩："我可以帮您将走道周围的草割齐。"

陈太太："我的割草工也已经完成了你所说的工作。谢谢你，我真的不需要再请一个割草工了。"

于是，男孩将电话挂掉了。这时，男孩的室友疑惑地问道："你不就是那个为陈太太割草的人吗？你打这个电话的目的是什么呢？"

男孩回答："我只不过是想弄清楚我做得有多好。"

一直以来，各个公司都在强调服务——售前服务、售中服务、售后服务，甚至有些公司在宣传与推广的过程中，将服务当作自己的一大经营特色。

然而，最好的服务就是不需要服务，最好的维护便是零维护。倘若一家公司的产品还需要很多服务与维护，那就说明这种产品还没有做到最好。竭尽全力提升产品的质量、适用性、实用性与稳定性，应当是公司每一个人追求的最高目标。

任何一个公司领导者必须让自己的员工清楚：我们所做的一切都是在为客户创造价值。对于客户的需求，我们如何才能满足？如何才能做得又快又好？从一定意义上说，这并不是领导者要求员工这么做的，而是客户要求我们这么做的；并不是领导者要求员工注重质量，这也是客户要求的。所以，想客户之所想，甚至想在客户的前面，让他们享受到轻松和快捷，这样才能赢得他们的青睐，得到市场的认可，从而为公司未来的发展奠定坚实的基础。

第十三章

决策管理的好坏
决定着公司经营的成败

从全局出发，借用众人智慧果断地做决策

作为一名管理者，不仅要有分辨是非对错的能力，还要有果断决策、科学取舍的智慧。

美国前总统里根是一个家喻户晓的人物，任职期间，他的能力、智慧和行事风格起到了至关重要的作用。里根是一个地地道道的现实主义者，实施的大政方针不仅有条理，而且十分明确，一旦确定下来，他就会坚定不移地推行。当然，坚定并不代表着一意孤行，里根在推行过程中还懂得集思广益、博采众长。

任加州州长的时候，在某个问题被提出并得到解决之前，里根总是把大家召集起来开会，广泛听取大家的意见；或者遇到下级向他请示，他往往会反问一句："如果是前任州长，他会如何处理？"就这样，在广泛听取大家的意见之后，里根再将其中的精华部分提取出来，结合自己的认知和分析，形成最终的方案。

里根做了总统之后，将这种工作作风保持了下来：善于听取各方意见，顾及各种因素（比如公众利益、党派利益以及国会反应等），不墨守成规，能果断地做出决策。里根的这种做法值得每一个处于领导岗位的管理者借鉴和学习。

总而言之，想要成为一名出色的公司领导者，就应当从全局出发，借用众人的智慧，果断地做出决策。

决策一定要科学、正确，千万不能感情用事

不少公司领导者在进行决策时，往往比较感性。比如传奇商人史玉柱，在建巨人大厦的时候，从18层一直增加到了70层，投入的资金也从刚开始的2亿增加到了12亿，这就是典型的感性决策。

史玉柱起初设定的筹资方案是这样的：自己筹1/3，卖楼花筹1/3，向银行贷款1/3。事实上，当巨人集团真的遭遇危机时，能够动用的主要还是史玉柱自己筹来的跟卖楼花获得的资金，银行没有贷给他一分钱。那么巨人大厦到底是如何将巨人集团拖垮的呢？

当史玉柱做出将巨人大厦从54层增加到64层的决策时，他的依据仅仅是设计单位随意说的一句话——"由54层加到64层对下面基础影响不大"；当史玉柱做出从64层增加到70层的决策时，也没有经过比较严密的论证，仅仅依靠他自己觉得"应该没有问题"。然而后来却发现巨人大厦正好位于三条断裂带上。为了顺利地解决断裂带积水问题，大厦支柱一定要穿过四五十米的沙土到达岩石层，然后再向下打入岩石层30米。这样一来，就需要增加3000多万元的资金，建筑工期也随之延长了10个月（其间，地基又先后两次被水淹没）。

因为没有预料到地基会出问题，当打完70层的地基时，史玉柱能用的资金已经都用完了，他想从银行贷款，但当时国家正在实行宏观调控政策，所以银

行拒绝了他的贷款请求。万般无奈之下，巨人集团不得不挪用生物工程方面的资金。截至1996年6月，生物工程方面的资金一共被抽走了6000万元。因为抽资过量，使得维持生物工程正常运作的基本费用与广告费用都没有办法到位，于是，生物工程出现萎缩。到了1996年7月，保健品的销量开始大幅度下降。虽然史玉柱也发起了一场秋季攻势想挽救一下，但最终也没有取得什么效果。

巨人大厦最终还是将巨人集团的"血"抽干了——当生物工程一度停止生产的时候，巨人大厦的资金供应链终于彻底断了，巨人大厦被迫停工，一场危机也随之来临……

现在看来，史玉柱在巨人大厦建设过程中根本没有全面而详细地考虑过资金的筹措，而且在施工之前也缺少一个科学、完整、可行的方案。巨人集团的遭遇给国内同行敲响了警钟。

不能否认，杰出领导者的分析和判断或许比一般人的逻辑思维更严谨，他一念之间得出来的结论可能也需要不少理论工作者进行大量的推理论证之后才能被证实。然而，以下三点我们必须搞清楚：

（1）领导者的分析和判断不一定都是正确的。除了史玉柱，还有不少曾经闯出一番大事业的企业家最终都毁在了自己一个错误的决策上。

（2）即便领导者的判断没有错，那也仅仅是方向上的正确，在投资成本、利润及风险等诸多细节上，依旧需要进行理性而科学的论证与计算。有些公司领导者就是不喜欢在细节上用功，喜欢做出一些具有浪漫色彩、完全理想化的决策。要知道，公司毕竟属于一个经济组织，是以获得利润为目的的。那些只顾浪漫而不计成本与利润的决策，最终只能毁了公司。

（3）现在一些成功的企业家都是从市场中打拼出来的，在进行投资的时候经常会表现出令人震惊的市场敏感与胆魄，但作为一名理智的领导者，必须清晰地认识到，规模比较小的项目决策需要得到与处理的信息量肯定是有限的，依靠领导者的学识、能力和智慧足以实现。但随着决策项目的规模不断扩大，所需要获得与处理的信息量也会随之大量增加，如果此时还是只依靠领导者个人，就很难完成了。有些项目看起来确实具有丰厚的利润，但实际潜藏着很多不可控因素。在准备不充分的情况下，这些不可控因素一旦占比较大时，领导者一个盲目的决策失误，就会置自己和公司于进退两难的困境。

总而言之，领导者在做决策的时候，一定要科学而理性，不可一味地凭借自己的直觉和过度自信，任性地做出感性决策往往会栽大跟头。

进行决策时需要注意哪些问题

决策是领导者要面临的头等大事,它对公司的命运起着至关重要的作用。因此,管理者在做决策时必须严谨。那么,应该怎样做出正确的决策呢?

1. 决策要有明确的目标

领导者做决策时,需要有明确的目的作为前提条件,只有在问题清晰明了、目标十分明确的情况下,做出的决策才有可能是正确的。目标模糊是决策的难点,常常会导致领导者在选择方案时出现摇摆不定的现象,一会儿觉得这个方案好,想要选择这个方案;一会儿又觉得那个方案好,想要选择那个方案。倘若决策目标非常明确,那么领导者只需要根据目标的要求,比较一下哪个方案更为合适,然后果断做出选择。

2. 多方案抉择是科学决策的重要原则

领导者做决策时必须有多个可行的备选方案,毕竟一个方案没有办法比较优劣,而且一旦在执行过程中遭遇困难,领导者就会措手不及,还极有可能会因此中途放弃。不少决策之所以最后以失败告终,就是因为在执行决策的过程中没有备选方案。如果前期准备了多个备选方案,那么在遇到问题时,领导者就可以启动备选方案，既能减少公司的损失，也能如期达到最终的目的。

3. 决策时要对方案进行全方位的分析和比较

对于决策的多个方案，领导者要进行综合分析和评判，对每一个方案的优缺点做到心中有数。在很多情况下，决策最后之所以无法继续推动，就是因为当初草率决定，遇到问题时领导者心中没底。

第十四章

为自己争取最大的利润空间

谈判的原则和策略

我们都知道，谈判是一件很严肃的事，而且谈判双方都不约而同地站在自己的立场想问题，希望尽可能为自己争取到更多的利益。对公司领导者来说，谈判是双方沟通的一种重要方式，它既体现了竞争，又存在合作的可能。能否在谈判中获胜，主要取决于公司领导者是否懂得谈判的原则和策略，如果能很好地将其把握和应用，就能让自己在谈判过程中不必耗费过多的时间和精力，也能实现为自己争取到最大利润空间的目的。

1. 实事求是原则

谈判双方在进行谈判时，应该事先根据各自的实际情况进行合理分析和判断，并针对合作过程中可能遇到的问题提出一些恰当的解决方案。任何一方如果脱离实际，为争取自己的利益而一意孤行的话，就会离谈判的目标越来越远，最终无法实现合作。

2. 平等互利原则

谈判双方不论实力强弱、经营规模大小，在合作面前都处于平等地位，所以彼此要尊重对方。如果谈判过程中遇到分歧，双方要在自愿的基础上平等协商，在保证自己利益的同时也要为对方着想，给对方预留适当的利益空间，最终实现双方互惠互利。绝对不能认为自己优于对方，于是把自己的意志强加到对方身上，或者对对方采用强硬、胁迫等手段。

3. 知己知彼原则

谈判过程中，滔滔不绝、能言善辩的一方并不一定能成功。只有做到既对自己的产品和经营状况、优势和劣势都了如指掌，又对谈判对手的信息掌握得足够多、了解得足够透彻，最好还能知道对方此次谈判的需求和目的，这样就可以清晰地界定自己和对方的底线是什么，从而在协商产生歧义时能够把握好一个度，不至于伤了彼此的和气。

4. 求同存异原则

尽管谈判双方对各自的利益预期范围是不同的，但谈判的目的都是为了促成合作，实现共赢。与此同时，还要保证各自的心理需求都处于平衡状态，对共同协商的结果达到满意或基本满意。因此，为了这个"求大同"的目标，谈判过程中，针对对方利益的合理要求，在不损害自身利益的情况下，适当做出一些让步，既让对方满意，也能给自己带来更多的好处。

除了遵循谈判的这些原则，还要讲究一些策略。

1. 营造融洽的谈判氛围

谈判虽然是严肃的，但你若因此认定谈判绝对不可能在轻松而愉快的氛围下开展，那么你就大错特错了。谈判时，轻松而愉悦的氛围可以有效地缓解双方的紧张感，同时也能更容易得到对方的理解、支持和尊重。反之，压抑而沉闷的谈判氛围会让谈判双方充满猜忌，增加沟通与交流的难度，甚至还可能会对谈判的进展速度造成不良影响。由此不难看出，在谈判的过程中，双方积极主动营造融洽、轻松的谈判氛围更能顺利促成双方实现合作。

2. 答非所问，扭转谈判局势

"问"中有学问，"答"中含技巧。问得不恰当，对谈判不利；答得不妙，会让己方陷入被动局面。在谈判过程中，回答谈判对手的问题并非易事。因为谈判双方不仅要回答对方的提问，还要尽量将问题解释清楚，尤为重要的是，谈判双方要对自己说的每一句话负责。这种时候，如果对方提出的问题让你难以回答时，可以使用"答非所问"的方式。当然，"答非所问"并非逻辑上的混乱，只不过是采用假装错误的形式，将表面上某种形式的关联点抓住，不着痕迹地将实质层面避开，即有意识地中断谈判时的某个话题，达到扭转对己方不利的目的。

3. 请对方先提要求，自己做到后发制人

通常来说，富有智慧的谈判者是不会主动先提要求的，因为在他们看来，"后发制人"具有更大的回旋余地。

谈判期间，当你不太了解对方的情况，或者无法预料对方会采用哪种谈判策略时，不如"请对方先提要求"，先让对方说明他的利益要求。这样一来，你就能对他的策略与意图有一个大致了解，然后在这个基础上将自己的意见表达出来。这种后发制人的谈判策略，很多时候能够收到意想不到的效果。

4. 声东击西，对目标也要欲擒故纵

所谓"声东击西"法，指的就是目标在西而先假装向东，然后给对方出其不意的一击。如果你想通过谈判达到自己的最终目标，在回击或反驳谈判对手时，就要先佯装对这个目标漠不关心，反而对其他自己本不看重的目标斤斤计

较。换句话说，不直接盯死自己的最终目标，而是拐弯抹角，当对方放松警惕后，再采用声东击西的方式以达目的。

事实证明，在各种谈判策略中，谈判者经常巧妙地运用这种声东击西法的技巧，最终都会取得谈判的成功。而且最后既实现了双方合作，也成功地达成了自己的目的。

把握最佳的谈判时机

选择最为恰当的时机是谈判成功的重要因素。时机把握得好，可以助你谈判成功，旗开得胜；时机把握得不好，就可能被对方牵着鼻子走，或者失去跟他人合作的机会，让公司的发展错失良机。

有一次，一位美国商人乘坐飞机去以色列与犹太人进行谈判。他临行前带了大量的书，全部都是对犹太人精神与心理进行分析的。

很快，飞机降落在了以色列的机场。美国商人一下飞机就受到两个前来接机的犹太职员热情而有礼貌的接待。他们替美国商人办好了所有手续，然后将他送到了一辆十分豪华的车上，让他独自坐在宽敞又舒服的后座。美国商人问道："为何你们不跟我坐在一起呢？"

"您是非常重要的人物，我们不能影响您休息。"其中一个犹太人恭敬地回答。

"先生，阿拉伯语，您会说吗？"另一个犹太人问。

"哦，我不会。不过，我带了一本字典，希望可以学一下。"

"您是不是必须准时乘坐飞机回国呢？我们可以为您安排专车，将您送到机场。"

第十四章　为自己争取最大的利润空间

"真是太周到了！"美国商人听了很高兴，掏出回程的机票，给犹太人看——哦，打算逗留14天。

现在，犹太人已经将美国商人这次的行程时间摸清楚了，而美国商人既不知情，又对犹太人的底细一无所知。

犹太人为美国商人安排了为期一周的游览，从皇宫到神社，甚至还打着让美国商人对宗教风俗有一个更深入了解的幌子，为他安排了一个"禅机"讲解的短训班。

每天晚上，美国商人都要跪四个半小时，接受犹太人的晚宴款待。后来，美国商人对此有些厌恶，但又不好意思拒绝。每当他实在受不了提出谈判的时候，犹太人都会宽慰他："不着急，时间还很多呢……"

第12天，谈判终于开始了，但犹太人又在下午为美国商人安排了一场高尔夫球。

第13天，谈判再一次开始，但为了参加犹太人准备的欢送宴会，谈判不得不提前结束。到了晚上，美国商人变得十分焦急。

第14天早上，谈判重新开始，当双方谈到最关键的问题时，送美国商人去机场的车来了。在这种情况下，美国商人和犹太人不得不同乘汽车，在前往机场的路上继续针对最关键的问题进行商谈，即将到达机场时，美国商人最终同意了犹太人提出的方案。

美国商人和犹太人的故事就强调了谈判时机的重要性。犹太人通过与美国商人聊天，从中获得了一些"情报"，于是他们有意打乱了美国商人的计划，在最后紧迫的时间里匆匆结束谈判，让美国商人同意了谈判事项中犹太人对最关键问题提出的解决方案。细想一下便知道，犹太人提供的解决方案肯定是对自己更有利的。所以说，懂得把握谈判时机，能在一定程度上得到自己想要的结果。

巧妙应对谈判中出现的僵局

每个人都可能遇到过僵局，知道它会让自己很不舒服。尤其是抱着能够达成协议的心理开始进行谈判的时候，僵局的出现会让一些急性子的谈判者感到恐慌，在他们看来，一旦谈判陷入僵局，时间上就会被无限延长，根本无法预知将会出现什么样的结果。其实，谈判出现僵局并不全是消极的、不可解决的，有时候它只不过是一种谈判战术，而且是特意为性子比较急的谈判者而设计的。

谈判僵局严峻考验着谈判双方的耐心与力量。当谈判陷入僵局后，不管是甲方还是乙方，都会在一定程度上做出妥协。那些乐意面临谈判僵局的人，最终往往能得到比较好的结果。不过，正如大家理解的那样，僵局的确存在风险，所以谈判双方一定要把握好一个度，本着解决问题、合作共赢的态度，适时打破僵局，否则，谈判双方都有"死"在僵局上的可能。

在商业谈判中，双方都想顺顺利利地达成协议，实现合作的目的。然而好事多磨，谈判期间难免会因为一个关键问题而打破平静。这种时候，作为谈判者，要有足够的耐心，告诉自己，尽管僵局会对自己产生或多或少的影响，但自己可以对僵局加以利用，向心慌的对手施加压力。

无论是谁，都不希望出现尴尬的场面，可是身为谈判者，要明确谈判的目的是为了获得利益，至于采取什么方式进行谈判，完全可以随机应变。假如谈判时出乎意料地陷入僵局的状况，你一定要弄清对方是否有合作的诚意。有诚意的话，你不妨在坚持原则的基础上稍微做出些许让步，抑或仅仅是在形式上做出让步，让对方感受到你合作的诚意，从情感上和态度上也同意让步，为最终实现合作铺平道路。如果你发现对方没有诚意，或者是你发现僵局状况可能是对方故意酿成的，你可以借口让步试探一下，倘若对方依旧不松口，并且一定要达成最初合作的目的，那就勇敢地坚持下去，别怕跟对方打一场持久战。

现实谈判中，具体有哪些打破僵局的策略呢？

（1）改变收款的方式。比较高的预付金，比较短的支付时间，甚至在总金额不发生变化的情况下，换一种支付方式——少交或不交预付金，适当延长支付时间。

（2）出现不确定因素时，调整谈判时间。比如协议里出现一时难以解决的问题，不妨暂时中断谈判，等到了解更多信息的时候再重新约时间。

（3）提出让步或者作出保证。

（4）寻找一个调解的人。

（5）打一个"热线"电话或者安排一次最高级会议。

（6）提供不一定能被采用的其他的选择方式，可能对缓解紧张形势有所帮助。

（7）变更技术规格或者条件。

打破僵局极有可能会牵一发而动全身，因此，谈判者在采用这些方式方法之前一定要三思而后行！

掌握快速达成协议的技巧

不管参与谈判的是哪一方，都希望可以快速地达成协议，完成交易。若想快速达成协议，必须掌握以下五个要点：

1. 协议应当包含对方的目的，并且被对方接受

想要签订协议，就要保证协议内容不但包括己方要达到的目的，而且还要包括对方想要达成的目的。影响协议快速达成的最大障碍就是将对方想要达到的目的视为"对方的事"，根本不顾及对方的要求与利益。

想要实现合作共赢，就要将这种单方面考虑自己利益的狭隘思想抛掉，站在对方的立场设身处地地为其考虑，并且提出让对方能够接受的方案，这样才能促使对方愿意签订协议。

2. 为谈判寻找签订协议的新理由

尽管高层领导掌握着购销业务的最高决策权，但是作为谈判的代表，直接坐到谈判桌边的却是经验丰富的购销业务主管，而非某个经理或者董事长，以及其他任何一个普通员工。所以，要想达成合作，就要想方设法给谈判代表找一个快速签订协议的新理由，而且这个理由应该同时具备合理性与吸引力。当

谈判代表觉得已经有足够的新理由能将经理与董事长说服时，就会很容易实现协议的签订。这里说的新理由包含各方面的信息、新的理论、新的政策法令与规定、新的营业方式、新的管理办法，等等。

3. 从对方熟悉的、有经验的问题入手

人们往往非常重视自己熟悉的和已有的经验，并将其作为决定问题的参考标准。在谈判过程中，谈判者一旦看到自己比较熟悉的条款，就会依据以前的经验快速地做出决定。所以，在正式开始谈判前，应当尽量摸清谈判对手的情况，比如谈判经历、兴趣爱好、对问题的判断能力以及解决问题的习惯等。从最容易解决的条款开始，这样既对增加谈判的信心有很大的帮助，也能使更为复杂或者更为棘手的问题得到有效解决。

4. 不要留太多的谈判空间

谈判期间，谈判代表一定要将注意力放在那些有着决定性的内容上，不要给对方留太多讨价还价的余地。比如，当你的产品定价为1元时，就已经能够获得令你满意的利润，那就不要再开价1.5元了，等到买方还价到0.8元时，再请他"向前迈一步"，以1元完成交易。在制订协议的时候，条款不要过于苛刻，尽可能做出具有实质性的决定，避免因讨价还价造成时间和精力的浪费。

5. 多拟几个协议方案

在谈判的过程中，谈判双方要多拟订几个不一样的协议方案，以及支撑它们的不一样的执行方法。有了这些方案，就能将谈判分出主次两个部分——"主要协议"与"次要协议"。当主要协议无法实现时，就考虑一下次要协议，解决次要协议将会对主要协议的解决有很大的帮助。

通常来说，主要协议与次要协议具有以下四点区别：

（1）全面性的与局部性的；

（2）实质性的与程序性的；

（3）永久性的与临时性的；

（4）有约束条件的与松散的。

在协议很难达成的时候，不但可以考虑对协议的强度加以改变，而且也可以考虑更改协议的范围。

除了上述几点之外，在谈判中，以实际情况作为依据，灵活应对，采取有利于协议快速签订的方法，对谈判双方都有利而无害。

第十五章

为产品架桥铺路的渠道管理

适当简化供应链上的环节

20世纪80年代末90年代初，有人提出了ECR（Efficient Consumer Response，即有效客户反应）的概念，实际上这是一种对生产商、零售商、消费者三方服务的供应链管理策略，通过对生产商和零售商各自的经济活动进行整合，以最低的成本，最快、最好地实现消费者的需求。对此，宝洁公司总裁曾经说，ECR的原则是生产商与零售商在一起工作，从系统中去掉价值链上没有价值的部分与成本，通过更为有效的管理，给顾客带去更高的价值。

在没有ECR之前，生产商与零售商之间有很多文件，并且十分复杂。生产商前往门店进行结算的话，需要拿出非常多的单据，逐一对票与核算，效率极低——门店中不仅商品数量多，还有不少残次品。更为重要的是，双方经常因为各自的利益发生很大的冲突。

ECR最开始在美国获得了成功，后来被推广到欧洲。根据欧洲供应链管理委员会对392家公司做的一项调查显示，在这些公司中，制造商采用ECR之后，预期销售额增长了5.3%，制造费用降低了2.3%，销售费用降低了1.1%，仓储费用降低了1.3%，总盈利增长了5.5%。而零售商也有类似的获益，销售额增长了5.4%，毛利增长了3.4%，仓储费用降低了5.9%，平均库存降低了13.1%。

ECR系统的构建还存在着一个从传统ECR向定制ECR发展的过程。传统

ECR 引发了供应链上各公司的利益冲突，对 ECR 的进一步发展起到了制约作用。所以定制 ECR 应运而生，通过对客户需求进行刺激，并且有效地对这种需求予以满足，促使客户价值得以提升，最终促使各公司实现共赢。随着时代不断发展与进步，在推行定制 ECR 时，公司领导者应该以对客户需求进行刺激为实施重点，首先对客户进行分析，然后再对 ECR 战略进行制定。通常，对客户进行分析主要包括以下两个方面。

1. 客户需求分析

定制 ECR 的重要任务是将客户需求中个性化因素找出来。通过调查大量的消费者，总结出客户需求都有以下特点：

方便——不愿意在购物上花费必需之外的时间。

提供建议与解决方案——购物不但是为了将所需要的商品补足，而且还要寻找一种可以对需求予以满足的解决方案。

信息——不但需要产品的成本、原材料、营养等方面的信息，还需要送货方式、何时送达等特定信息。

价值——需要得到与付出价格相对等的价值。

娱乐——倘若每个星期要在商场内花费几个小时，那么他们希望可以在这段时间里得到一些刺激，娱乐一番。

控制——这也是相当重要的。具体的购买时间、地点和方式，他们希望自己说了算。

2. 做有效的客户价值分析

实施定制 ECR 模式之后，供应链管理就可以充分地共享信息，这样一来，很容易得到客户需求的各类信息。不过，最关键的在于怎样对这些信息加以利用，以便进行有效的价值分析，更好地促使公司领导者做出正确的决策。因此，这就要求公司领导者全面分析与提炼所得到的信息。

如今，国内的华润万家、联华等规模较大的零售商基本使用了 ECR 模式。由于在流通环节缩减了很多成本，价格也随之下降了不少，而这些节省下来的钱最终都回馈给了消费者。除了降价这种有形的利益外，还有不少无形的利益：对消费者来说，增加了选择的范围和品种，不仅购物变得更加方便，还促使产品变得更加新鲜；对零售商来说，一方面增强了消费者的信任，对顾客的需求了解得更多，另一方面与生产商的关系也得到了较大的改善；对生产商而言，减少了缺货的情况，提升了品牌的信誉和知名度，与零售商的关系也有了较大的改善。

综上所述，适当将供应链上的环节进行简化，对生产商和零售商的运营和发展大有裨益，而且 ECR 的管理策略值得公司领导者学习与借鉴。

第十五章　为产品架桥铺路的渠道管理

促销规范是控制价格的关键

1999年，国内卫生巾各品牌之间的竞争日渐白热化。在这种情况下，宝洁公司专门针对护舒宝品牌制定了渠道促销策略，即在一定期限内，经销商卖出蓝色护舒宝的数量如果达到10万件，就可以获得一辆新款"上海世纪别克"高档轿车作为奖励，折算成人民币约为36万元。宝洁公司最初的目的是希望通过这种方法提高经销商的销售积极性。

没想到的是，全国经销商一接到宝洁公司这个促销策略的通知，不约而同地选择了近乎完全一样的方式，就是把36万元人民币折扣到售价里。于是，短短几天，护舒宝所有产品的价格全都降低，而且幅度很大。

其实，在卫生巾的市场中，护舒宝一直是高档品牌，而此次价格的骤降使宝洁的品牌形象大打折扣。确实，打价格战能让经销商快速地将宝洁公司下达的10万件销量的任务完成，短时间内获得宝洁公司承诺的高档轿车。但是价格战一旦拉开序幕，所有的经销商都得被迫应战。最终，经销商因为提货过量，导致销售渠道中积压的货量比较大，而终端的价格战也大大损害了蓝色护舒宝的形象，直接导致蓝色护舒宝渐渐从我们的视线中消失了。随后，绿色护舒宝替代了蓝色护舒宝的位置。不过，新出现的绿色护舒宝需要一段时间让消费者去认识和接受。

虽说这是因为宝洁公司推行销售策略有误导致经销商之间爆发了价格战，但实际上，即便不推行这样的营销策略，经销商之间的价格战也时有发生，并且根本没有办法杜绝。不只宝洁公司的经销商打价格战，其他产品的经销商同样也会如此。

所以说，如果生产商不能规范经销商的促销，引发价格混战是早晚的事。就像宝洁的经销商如果多进行几次不合理的促销活动，那么宝洁产品的价格就会变得越来越低，经销商从厂家拿货的差价也会越来越小，而价差又是经销商唯一的利润保障，可见，降价促销对经销商来说并非好事。既然经销商无法依靠差价挣钱，那么为了维护自己的利益，他就会要求厂家降低供货价，或者让厂家想办法持续提供促销品、赠品等物质奖励，把因降价失去的利润弥补回来。这样一来，最终受害的还是生产商。

实际上，如果生产商想要切实地对价格进行控制，就应该从管理渠道入手，唯有使渠道的销售规范化，才能够真正意义上将价格控制住。而使渠道规范最为重要的措施就是对系统管理加以改善，一般来说，生产商可以选择以下这些做法：

（1）一定要遵从争夺市场的要求，做到有效出货、减少存货、把费用控制在合理范围。

（2）努力提升产品的竞争力。对于原有产品，要注意整合，使产品形成系列，而且一定要明确某一阶段的主推产品，做到有节奏地对市场进行冲击。除了在定价、质量以及外包装上比对手略胜一筹之外，还要突破思维定式，加大新产品的研发，实现产品的创新，与时俱进。当然，将新品推向市场的同时，要系统策划，有计划地进行。

（3）随时关注市场信息的反馈。采集、整理、分析并统计反馈的数据信息，凭借最后的统计结果安排生产和供货，实现产、销有序衔接，避免出现供不应求或者供过于求的状况。

（4）对专职部门的工作进行细化。按照总体策略的规划，生产、营销、财务、配送以及人力资源等要分工明确，确保各部门的工作顺利、高效运行。尤其是在与对手的竞争中，务必保证经营资源的优化配置。

（5）正当竞争，促销要合理、规范，对价格进行有效的控制，从而促使各环节有序、高效运转，提高公司的盈利能力。

让渠道与公司一起赢得竞争的胜利

为了提高公司产品的销量,公司领导者往往会竭力开发市场,尽可能多地发展经销商。如果能从跟你的合作中获利,那么经销商以后就会非常乐意经销你公司的产品。所以,公司领导者在与经销商打交道的时候,首先要明白合作的目的是共赢,然后再因势利导,合理利用双方的资源。这样,在帮助经销商赚到钱的同时,自己的公司也才能慢慢发展起来,甚至做大做强。

作为厂家,在激励销售终端时往往会因为经销商的数量比较多、分布比较广而产生鞭长莫及的感觉。为了增加销量,厂家普遍的做法是采用返利、折扣等方式,但效果一般都不太理想。这个时候,可以尝试一下"超级目标法",即通过给予终端帮助,使之树立超级目标,最终达到激励终端获得成功的目的。

1998年,柯达公司作为全世界最大的感光材料生产商,拿出12亿美元全面开启了在中国投资的计划,一直以来对快速彩扩店网点进行大力培育,以便把具有"半成品"性质的胶卷变为顾客比较满意的照片。到了2002年底,柯达在中国已经有了八千多家专业冲扩店,是当时麦当劳数量的18倍、肯德基数量的10倍。

柯达是如何做到这么大规模的呢?原来,在对零售终端进行铺设的时候,柯达公司推出了一个名叫"轻松当老板"的计划,主要针对中小投资者,并承诺他们：仅仅需要9.9万元的投资就能将柯达的彩扩设备买到手。然后，柯达还会为投资者提供全方位的协助，比如，商圈分析、技术支持、店面设计、培训、促销以及零售管理等，直到投资者正式开业。

在这个计划正式实施之后，柯达给各冲扩店老板打开了一片广阔的创业天地，使其拥有了谋生的技能，也得到了经销商的信任。据说，当时有不少柯达冲洗店老板都不太乐意为除柯达以外的其他品牌的胶卷进行冲洗，甚至不乐意在店内代卖其他品牌的胶卷，因为他们一直诚心地把自己当成"柯达的人"。由此可见，与单纯地为经销商提供价格折让相比，厂家切实地为经销商谋利更能收获意想不到的效果。

不过，不少中小型经销商在素质方面参差不齐：缺乏自我提高能力，缺乏市场开发能力，缺乏管理能力，缺乏促销能力……作为厂家，除了帮助经销商创业之外，可以针对经销商的弱项给他们培训，教他们如何把握市场机会、推演销售技术以及传授管理经验等，也可以帮助他们提高相关的知识和技术。厂家协助经销商发展，让经销商跟自己达成同盟，从某种程度上说，也是为厂家将来的发展铺路。

柯达公司这种对终端进行激励的方法，把公司本身的发展和经销商的发展融合在了一起，是对设立超级目标的最好诠释。尤其是遇到强劲的竞争对手时，培养这样的超级目标可以将各个经销商团结起来，发挥出一加一大于二的能量，取得竞争的最后胜利。

给予终端帮助，促使其获得成功，生产商要注意将以下几项工作做好：

（1）结合实际情况为经销商详细地分析市场前景，让他们看见希望，并且全心全意地进行市场开发。

（2）对经销商的经营品类要有大概的了解，并且对各品类在销售中所占的地位与资源耗费进行分析。做好经销商的经营品类分析之后，生产商也要将其跟自己的产品结合起来做一下市场分析。作为新品种，进入市场，通常要有与众不同的卖点，所以这就需要结合实际情况对市场容量做一个大概的预估，最保险的做法是研究同行产品的卖点与市场份额，然后突出自身产品的优势，确定竞争策略与目标市场计划。做这一系列的工作，既能让经销商对市场前景充满信心，也能让他们感受到公司销售规划的专业性，对促进他们积极工作有很大的意义。

（3）不能只让经销商投入，作为生产商，你有义务给予经销商一定的帮助。因为不管开发哪类的新市场都不是一件容易的事，很难依靠单方面的力量在短期内获得成效，所以在公司政策许可的范围内给予经销商尽可能大的支持，让他们以最少的投入最快获利。经销商在尝到甜头后，会对生产商更为感激，更为忠诚，如此一来，他们会协助生产商将更大的资源投入到市场中。对生产商而言，拿下忠诚的经销商，就等于赢得了市场的稳定发展。

第十五章　为产品架桥铺路的渠道管理

多多利用 20/80 法则

现在，大多数公司领导者都已经认识到20%的重要客户带来了80%的收入，有的行业甚至是不足10%的重要客户创造了90%的盈利。对于不同的公司来说，虽然这不是绝对的，却很好地反映出了一种态势——重要客户对公司有着巨大的价值。所以在应对客户时，公司领导者将大量的时间与精力投入到了这20%的人身上，因为他们是重要客户，值得如此付出来对这种关系进行维护。

花旗银行到中国拓展业务的初始阶段就是一个很典型的例子。

那个时候，花旗银行在上海做出了这样的规定：倘若储户在花旗银行的存款达不到规定的数额，那么该行将会根据相关规定向储户收取一定的费用。尽管当时这项规定并没有在整个上海市引发巨大的波动，但还是让不少上海市民感到震惊。因为作为储户，大家早已形成了这样的观点：把钱存到银行，银行给自己支付利息，这是理所当然的事。但现在，花旗银行竟然开创先例，让储户给银行付费。

得到这个消息之后，不少上海媒体争抢着对花旗银行上海分行的负责人进行采访，表达了市民们的疑问。花旗银行上海分行的负责人给出的解释是：如果储户的存款金额达不到花旗银行的规定，那么这些存款就不能在银行进行有效地流通。这样的话，银行不但不能对存款进行有效利用而获得利润，还要承担一定的风险。所以，储户的存款较少时，银行会按标准收取费用。

　　换一个角度来看，花旗银行向储户收取费用的行为是区分重要客户和一般客户的有效手段或依据。对于能够达到花旗银行规定的资金实力雄厚的储户，花旗银行会花费更多的时间和精力去关注，并对这些重要客户平时的收支状况仔细进行分析，并结合分析结果，及时采取应对措施。相反，对于一般客户，也就是那些存储金额比较少的小储户来说，花旗银行则可能不会太上心。总之，花旗银行的这种做法最终导致其他银行纷纷效仿。时间一长，大家虽然慢慢接受了银行收费的现象，但依然有很多人不理解银行这么做的真正用意。

　　不管什么时候，公司都是为了利润而战，这个20/80的倒挂比例规律揭示出来的道理让更多的公司领导者将注意力放到了重要客户身上。这也让更多的领导者不断注重开发重要客户，甚至将之提升到了公司存活与发展的较高层面上，想方设法为重要客户提供更好、更便捷的服务，并竭尽全力维护重要的大客户。因为领导者很清楚，一旦丧失了这20%的重要客户，那就意味着公司绝大多数的利润会削减或者消失。

　　需要强调的是，这些重要客户比一般客户具备长远眼光和应变能力，所以公司上下一定要尽心竭力，拿出更多的时间与精力来与之进行沟通。

第十六章

16

防微杜渐，
谨慎经营

用好专利的进攻战略和防守战略

这是一个知识经济的时代,"卖知识"成为一种大趋势。据统计,各大型研究机构与世界顶尖公司通常都握有最新的、前端的知识,于是他们通过"卖知识"(技术授权、卖知识产权等)的方式获得高额的利润。

很多实力雄厚的科技企业一直做着专利申请并转让的工作。比如IBM公司,据统计,2014—2016年,IBM每年获得的专利都超过7000项,且截至2016年12月,IBM申请专利数量连续24年称霸美国。此外,还有荷兰飞利浦公司。2016年专利申请排行榜上,欧洲专利局公布的数据显示,飞利浦共提交了2568项,成为荷兰企业中专利申请最多的。除了专利申请,很多科技企业也会将自己的专利转让出去,并因此收取一定的转让费。关于专利转让,曾有报道称,2011年7月,北电公司将其6000项专利转让给苹果、微软、黑莓、索尼、爱立信、易安信等六家公司,转让费高达45亿美元,在业界引起了争论;2012年4月,美国在线(AOL)将约800个专利及相关申请转让给微软,并因此获得10.6亿美元的转让费……

专利作为一种发明创造,其专有权是受相关法律规范保护的,所以在转让的时候,必须严格遵循法律的规定,否则就很容易引发知识产权争端。

1999年,我国深圳一家灯饰公司的技术员樊某研发出了一种新型的装饰灯,于是他向国家知识产权局申请专利。到了2000年的9月6日，樊某收到了国家知识产权局批准的专利权通知单。2002年2月1日，灯饰公司与樊某签订了为期三年的专利实施许可合同，合同规定樊某授予该灯饰公司独家使用权，但该灯饰公司每年要向樊某支付专利使用费。令人想不到的是，2001年4月，深圳另一家灯饰公司在未经专利权人樊某许可的情况下，参照这种新型装饰灯，自己生产、销售并出口，结果冲击了樊某所在灯饰公司的国际市场，同时也侵犯了其合法的专利权益，造成了该灯饰公司严重经济受损。于是，樊某所在的灯饰公司向深圳市中级人民法院提起诉讼。深圳市中级人民法院经过调查取证，认为原告与专利权人樊某签订的专利实施许可合同合法有效，其合法权益理应受法律的保护，于是根据有关法律法规，判被告立即停止一切可能侵犯樊某专利权的行为，并赔偿原告损失人民币22万元。

通过这则案例不难发现，专利是知识产权的重要组成部分，如果公司享有专利，那在同行中会被认定具有超强的实力。实际上，那些大型跨国公司每年都会申请大量的专利。因为拥有的专利越多，就越能对新技术进行垄断，从而依靠法律的手段维护自己在竞争中的优势地位。

但是，专利权并不会伴随着发明创造的完成而自动生成，它需要申请人按照相关的法律程序和手续向专利机关提出书面申请，审查合格后才可获得，与此同时会受到相关法律法规的保护。这种积极、主动申请专利并得到专利权，使公司在激烈的竞争中抢占先机、获得更大的经济利益的做法就是专利的进攻战略。进攻战略做得好，公司未来的发展将不可估量。

与专利的进攻战略相对的是专利防守战略。所谓专利防守战略，是指为了防御竞争对手的专利进攻或者反抗其他公司的专利对本公司的阻碍而采取的一种保护本公司并且将损失降低到最小限度的战略手段。

当然，在运用好专利进攻和防守战略的时候，一定要注意避免出现专利侵权的行为，给自己带来不必要的麻烦。

重视合同中的每一个细节

合同是市场经济的一种产物，而且公司之间的经济往来绝大多数是依托于合同形式进行的。所以，对于任何一家公司来说，合同管理是一项非常重要的内容。

所谓"合同管理"，是对合同依法进行订立、变更、转让、履行终止及审查监督、控制等一系列行为的总称。合同管理实际上属于一项综合性的工作，与公司的各个方面都有所牵扯，能不能进行有效管理，将合同关把好，在很大程度上决定着公司经营管理的成败。

2004年，甲公司对政府贷款加以利用，通过乙公司分批次从卖方丙公司引入价值300万美元的化工设备。在合同协商的过程中，甲公司考虑到要对配套设备资金与建设情况加以协调，于是在合同装运条款中加入了这样一句："卖方在装运之前要通知买方，并且得到买方的同意之后才能够装运。"对于这一点，卖方丙公司表示能够接受，并且按照约定的日期签订了合同。

没多久，卖方丙公司以合同为依据开始备货。在第一批货中，丙公司自己生产的产品占60%，外购品占40%。备货完毕之后，丙公司通知作为中间商的乙公司将要装运。然而，甲公司得知卖方将发货后表示拒绝，给出的理由是：配套资金尚未到位，附属设施也没有办法工作。后来经过反复协商，丙公司同意每年支付 3 万美元作为仓储费，甲公司这才接收了第一批货。鉴于当时化工市场临时出现了一些特殊情况，为了避免更大的损失，甲公司对后面几批设备予以拒绝。双方经过多次协商，最后终于和平地解除了合同。

这是一个十分典型的对合同条款加以利用，从而规避风险的案例。倘若甲公司没有在合同中添加"卖方在装运之前要通知买方，并且得到买方的同意之后才能够装运"这句话，那么对于丙公司的发货，甲公司就没有了拒绝的理由，无疑会给自己带来非常大的风险与仓储压力。

实际上，合同管理并非普通的承诺、签约，而是一种全方位、对细节极为重视、非常科学的管理方式。对合同管理加以完善，可以很好地对公司的信誉进行维护，合理地对市场风险加以规避，保证公司顺顺利利地将预定的经营计划实现，从而提高公司的经济效益，尽早实现公司发展与壮大的目标。

作为公司领导者，如何建立起完善的合同管理制度呢？

（1）明确公司的规章制度。除了公司法定代表人外，其他任何人，只要以公司的名义对外签订合同，一定要持加盖公章且法定代表人签字的授权委托书。如果可以，让公司的客户也知道这项规定。

（2）授权委托书要详细、具体。授权委托书应写明具体的代理事项、有效期限等，否则会因为授权不明引起矛盾和纠纷，给公司的发展带来隐患。

（3）如果公司解除原代理人的代理权，应第一时间告知有业务往来的有关客户，避免出现损失。

（4）应建立严格的公章使用、合同管理制度。

避免招惹税务上的麻烦

实际生活中，不少公司管理者觉得缴纳的税额过多，于是想方设法避税。如果是合理避税，也就没有什么值得过分责难的地方，但若处理不当，就会涉嫌偷税漏税，触犯国家法律。如果被客户或者竞争对手知道，不但会使自己和公司处于十分尴尬的境地，甚至会影响公司的生存和发展。因此，对于管理者来说，正确看待与处理公司的税务问题是不可忽视且至关重要的。

1996年，在安徽省霍邱县某街道，胡某自己开了一个加油站，每月都会依据售油收入按时到县税务局进行申报缴税。直到2007年12月24日，县税务局对胡某加油站历年的销售情况进行税务检查时，才发现胡某竟然偷漏税款6万元人民币。原来，加油站93号汽油与0号柴油不含税收的实际总收入为51万元，而胡某在申报缴税时只报了13万元。

针对胡某这种偷漏税款的行为，县税务局分别于2008年1月3日和1月9日将《税务处理决定书》《税务行政处罚决定书》送到胡某手上，令他缴纳偷漏的税款6万元以及罚款3万元。胡某对县税务局的处罚不屑一顾，拒不执行。结果没过多久，县公安局对此立案，并依法刑事拘留了胡某。

2009年7月，安徽省霍邱县人民法院对胡某偷漏税款案开庭审理。鉴于被告人胡某作为纳税人，谎报以致少缴应缴纳的税款，且数额巨大，占实际应缴纳税额的 10% 以上，其行为已经构成了逃税罪，对此，法院依法对胡某做出一审判决：被告人胡某犯逃税罪，判处有期徒刑一年，缓刑一年零六个月，并处罚金 3 万元人民币。

作为纳税人，依法诚信纳税既是必须履行的法律责任，也是纳税人最好的信用证明。胡某的案例明确地给我们提出警告：任何违背依法诚信纳税的行为都会受到相应的法律制裁。换句话说，作为公司管理者，唯有依法诚信纳税，才能得到法律的保护、合作伙伴的信任，从而拥有更广阔的发展空间。

那么，公司管理者到底应该怎么做才能不招惹税务上的麻烦呢？

（1）在税务机关规定的申报期限内将纳税申报所需要的纳税申报表、财务报表，以及税务机关按照实际情况要求纳税人报送的其他纳税资料备齐，并及时申报。

（2）缴纳的税款不仅要如实，而且要如数，即缴纳税款时要做到诚实守信，坚决避免偷漏税行为。

（3）根据公司的实际状况，必要时可以按法律法规的规定，向税务机关提出减税、免税的书面申请，并交由相关的机关审批。

（4）如果税款直接由税务机关征收，那么税务机关会给纳税人开具一份完税证明；如果税款是由扣缴义务人代扣、代收，那么纳税人应当要求扣缴义务人开具代扣、代收税款凭证。

出现债务纠纷，及时寻找原因并解决

债务纠纷的产生不是无缘无故的，而且任何一家公司在经营管理的过程中都难免会出现债务纠纷问题。债务纠纷一旦出现，公司领导者首先要做的应该是及时寻找原因，尽快解决，以防给公司的发展带来不利影响。那么，债务纠纷出现后，领导者应该从哪些方面着手，并有效应对呢？

1. 法人之间存在争议

法人间的债务纠纷通常是债权人和债务人之间对债权债务的某个方面存在争议。导致这种争议的原因可能是一方的过错，也可能是双方的过错，抑或是大家认识上存在分歧。

对于这种情况，债权人与债务人一般可以协商，通过讲道理、摆事实的方式解决。如果协商失败，可以通过调解仲裁与诉讼的方式达成协议或者裁决。在对这类债务纠纷进行处理时，必须抓紧时间，以免给公司造成更大的损失。

2. 法人无力偿还

之所以出现无力偿还的情况，可能是因为法人自身存在问题，也可能是因为有其他外部因素。通常，法人自身原因主要包括经营管理不善、挥霍浪费、拆东墙补西墙等；其他外部因素主要包括国家政策、市场物价变化等。

在面对这类债务纠纷时，有的想方设法偿还，有的则无动于衷，漠然对待。对于前者，债权人要尽量理解和支持，给债务人留点时间让其尽快筹集资金以偿还债务。对于后者，债权人可以借助法律手段对债务人施压，当然，债务人也可以提出破产申请。

3. 法人故意拖欠

所谓"故意拖欠"，指的是具有偿还能力的法人寻找各种借口，拖延应该履行的义务。这种债务人通常抱着能拖就拖、能磨就磨、能少还就少还的心态。对待这样的人，我们不仅可以借助舆论让其深深感受到不偿还债务就会极大地影响自己的经营活动以及公司、个人的声誉，还可以向国家相关部门提出对其强制进行制裁的请求。

4. 存心赖账

依据债务人心理形成的时间和方式不同，存心赖账可以分为三种：从一开始就打算赖账、在合作过程中看到可乘之机而赖账、依据讨债者的情况赖账。总之，他们对其应该履行的义务不予承认或者强词夺理，找寻债权人的缺陷，或者直接外逃让债权人找不到自己。只要发现债务人有存心赖账的行为，就要高度重视，收集必要的证据，寻求国家相关部门的帮助，不给债务人留下一点儿可乘之机。

5. 蓄意诈骗

所谓"蓄意诈骗"，指的是债务人以骗取财物为目的，通过对合同纠纷等合法手段进行利用，非法行事。对于这种债务人，债权人不能表现出急切的讨债心理，或向债务人妥协，这么做不仅不能将债款讨回来，反而会让犯罪分子越来越猖獗。

　　无论是哪种债务纠纷，债权人的意志与决心对能否成功退回债款有着很重要的影响。当追债遇到困难无法解决时，债权人要尽早向国家相关部门求助，维护自己的合法权益，同时也能避免出现过多的损失。

第十七章

公司运转的基石
——融资管理

掌控股权有利于抓住公司根本

史玉柱说，"我从此再也不搞股份制了""母公司一定是我个人所有，下面的分公司我可以考虑控股""中国人合作精神本来就很差，一旦有了股份，就有了和你斗的资本，会造成公司结构不稳定"。史玉柱之所以如此坚决，是因为他有前车之鉴。

1989年8月底至9月初，在朋友的介绍下，史玉柱聘请了三名员工。刚过了一个月，除了管财务的员工，另外两名员工找到史玉柱，说："我们每个人都应该持有股份，大家应该将赚到的钱分掉。"史玉柱听后拒绝了，提议将赚到的钱用来继续进行广告宣传。不过为了安抚他们的情绪，史玉柱表示，股份的事情可以商量，但绝不能平分，即四个人每人占股25%，因为软件是自己开发的，启动资金也是自己出的，所以自己要控股，他们三个人合起来可以占股10%—15%。这两名员工认为平时自己也没少出力，按照史玉柱的分配，自己的股份太少了，于是跟史玉柱争执起来。史玉柱当时非常生气，顺手抄起电脑摔在地上。

这件事对史玉柱的影响很大，他坚持认为，以后每一个"根公司"一定要由自己一个人独资。在对待高管的时候，他采取的是高薪加奖金的形式，从来不向他们许下股权的承诺。史玉柱说："后来我就给我的高管高薪水和奖金，就是给比他们应该得到的股份分红还要多的钱。我认为，这个模式是正确的，

第十七章　公司运转的基石——融资管理

从此以后，我的公司再没发生过内斗。"

股权集中的重要性在史玉柱心中的地位始终是不容动摇的。2001年，他复出之后，在央视《对话》节目中谈道："我觉得在中国搞民营企业，开创初期股权不能分散，凡是股权分散的企业，你看最后稍微只要这个公司一（有）起色，从赚了第一笔钱开始，马上就要不稳定，就要开始闹分裂。很多企业垮掉，不是因为它长期不赚钱，是因为它赚钱了马上垮掉了。"

万通董事长冯仑也认同这一观点，他说："企业第一阶段都是排座次问题，第二阶段是分经营问题，第三阶段是论荣辱。所以我同意史总的意见，一开始产权相对集中，有利于企业组织的稳定。"

事实上，股权集中并非百利而无一害。史玉柱后来也深深地认识到了股权过于集中，在公司稳定发展的阶段会产生负面的影响。由于史玉柱在巨人集团占股90%以上，所以在决策时，其他几位老总很少坚持他们自己的意见，最终拍板做决定的还是史玉柱自己，导致他的一些重大决策失误，给集团带来一定的损失。对此，史玉柱表示，这种高度集中的决策机制在创业初期充分体现了决策的高效率，但当企业规模越来越大、个人的综合素质还不够全面时，缺乏一种集中决策的体制，特别是干预一个人的错误决策乏力，那么企业的运行就会相当危险。

事实上，随着股份制在中国的快速发展，史玉柱最初完全个人控股的想法也有所转变。尤其是在史玉柱进军网络游戏行业后，他在巨人网络中大约占股2/3，剩余的1/3股权分给了刘伟、张路、何震宇等一直都跟着史玉柱做事的旧部，而且这也是史玉柱首次采取股份制的方式跟他们进行合作。巨人网络上市以后，才将股份制最大的作用发挥了出来。

对此，史玉柱给出了自己的看法，他说："企业小的时候就是一个人决策。企业中等规模的时候，它就要靠一个小的集体来决策。企业再大了，就按上市公司的规则来做。最终一个企业真要做大，就必须把这个公司社会化，也就是上市，让社会上成千上万的人持有它的股份。"

上市是一把双刃剑

百丽集团一度被看成中国最大的女鞋公司，百丽官网称，截至 2017 年 2 月 28 日，百丽集团的自营零售店在内地有 20176 家，在香港及澳门有 125 家，由此可见其规模。百丽集团除了销售百丽、他她、天美意、思加图等自营品牌，还代理阿迪达斯、耐克等运动品牌，与此同时也享有 Bata、Clarks、Hush puppies 等国际品牌在华销售的代理权。

百丽集团于 2007 年 5 月 23 日在香港联交所上市，据统计，当天就成为港交所市值最大的内地零售类上市公司，市值总额甚至超过国美电器。作为一家产品设计开发—生产—营销和推广—分销和零售纵向一体化的鞋业公司，百丽集团只把零售连锁店的资产全部纳入上市公司，并在招股书中将募集资金主要投到零售店面的扩张计划中。

随后，百丽集团展开了一系列的并购，其中 2007 年 11 月百丽以 16 亿元人民币并购"中国第一男鞋品牌"森达最令业界瞩目。百丽集团收购市场在一线城市、以生产男鞋为主的森达后，对行业发展具有十分重大的意义，一方面在很大程度上影响着国内分散的鞋业竞争格局，另一方面也将大大提高百丽的市场覆盖率，增加整体效益及利润，进一步巩固百丽的市场地位。

奥康集团董事长王振滔曾表示："奥康主攻男鞋，百丽主攻女鞋——原来

第十七章　公司运转的基石
——融资管理

觉得目标客户不同，没什么担忧。但参观后，我突然发现百丽已在推广自己的男鞋。同是鞋业老大，发展轨道正因资本市场而改变。"

据中国行业企业信息发布中心的数据显示，在2006年中国十大鞋品销售收入中，森达位于第五名，被百丽并购后，它就像一只愈发凶猛的东北虎一样震惊了中国鞋企，也极大地刺激了中国鞋业品牌上市融资后进行扩张的欲望。

森达前所未有的几何式增长方式对温州鞋业的触动最大。当时具有"中国鞋都"之称的温州，尽管年销售额有几十亿，却没有一家制鞋企业成功上市。这么不热衷于上市，可能与温州人的天性有很大关系——温州人具有十分敏锐的市场嗅觉，但为人却很低调、谨慎，一直更偏爱实业，而甚少关注资本运作，所以对上市缺乏深刻的理解，也不太感兴趣。

温州市上市办上市工作处处长陈基义指出：上市并不是为了"圈钱"，很多民企逐渐意识到要想把众多资源聚集起来，最有效的方法就是资本运作。百丽的上市和并购致使其财富呈几何式增长，这让温州鞋业的老板们意识到，唯有借助上市学会资本运作，公司才可以做大做强，继续在市场竞争中存活下去。

2008年，金融危机波及中国，温州鞋业遭遇到前所未有的困难——原材料涨价、劳动力成本上升、人民币升值等，无一不给行业带来巨大压力，要想解决融资的难题，上市是必选之路，自此，温州鞋业加快了上市的步伐。

当然，上市是一把双刃剑，对公司来说不是只有好处，没有一点儿坏处的。公司上市后，可以不断利用增资配股筹集资金，向银行低息贷款，而且公司的名声、信誉以及在市场上的地位也都会随之大幅度提升，有助于巩固现有业务，拓展新业务，促进公司超常发展。

但是，上市后稍不注意，就会后患无穷。2000年6月30日，网易成功登陆美国纳斯达克。后来，网易CEO丁磊表示："上市'好像裸奔嘛，一举一动对手都清清楚楚''我现在追悔莫及''是年轻时犯下的美丽错误'。如果公司有稳定的盈利能力，就不要上市，'贪图那份虚荣'，因为上市只会给你带来麻烦。"根据丁磊的介绍，美国股市每期季报都要求公司提交一份十分详细的财务报表，网易每一款游戏的盈利收入、玩家的增减以及增减比例都必须非常详细地列进去，而且还要说明公司近期的战略安排。这样一来，网易就像"透明人"一样，一旦资料外泄，就会被对手看得异常清楚。

跟丁磊态度一样，雅虎创始人杨志远在旧金山举行的 Web2.0 会议上说，如果有机会重新选择，他不会让雅虎这么快上市。因为过早上市让雅虎成为 2000 年初互联网泡沫破裂的最大受害者之一。

有些公司领导者把成功上市当成公司发展的终极目标，这种观点其实是错误的，因为上市并不是为了"圈钱"，上市的目的也是为了让公司更好地运转。而且上市需要具备很多条件，只有各方面都成熟了再上市，公司才能走得更稳妥，才能对公司和股民都有个好的交代。

第十七章　公司运转的基石
　　　　——融资管理

"马太效应"——让强者更强

　　在激烈的市场竞争中，一些发展日渐成熟且优秀的公司逐步走上了上市的道路，上市融资之后进一步做强做大，而那些没有发展起来的公司，最终会遵循"优胜劣汰"的市场规律，被淘汰出局。而这，正是"马太效应"的体现——强者愈强，弱者愈弱。碧桂园就是"马太效应"中强者的代表。

　　2007年4月20日，碧桂园在香港联交所上市，刚一上市，股价就迅速攀升，截至当日收盘，股价为7.27港元。据报道，碧桂园上市前净资产不足10亿港元，而就在上市当天，市值猛增到1189.37亿港元，位居中国房地产企业之首。而碧桂园当时年仅26岁、持股最多的杨惠妍，若以收盘价计算，她所持股票总值约692亿港元，成为当时内地的新首富。实际上，碧桂园的发行价并不算低，但公开发售后依旧得到了超额认购，那么，投资者为什么如此看好碧桂园呢？

　　首先，碧桂园拥有优质的固定资产、丰富的土地储备与物业持有，是最为关键的一点。其次，碧桂园的商业模式深受广大投资者的认可。碧桂园网站的公司介绍里有这样一段话："我们的主要业务是开发大型住宅区项目及销售各种类型的产品，包括单体住宅、联体住宅、洋房、车库及商铺。作为综合房地产开发商，我们亦参与建筑、安装、装修、装饰及物业管理业务。同时我们亦开发及管理若干项目内的酒店，使房地产项目具有更完善的配套服务和更大的升值潜力。"不难看出，以"大规模社区＋优美环境＋优质产品＋五星级管理服务＋超级配套体系＋合理定价"为内容的碧桂园商业模式受到了市场的普遍青睐，为碧桂园品牌实现从佛山、珠三角走向全国打下了基础。

最后，碧桂园的资本运作快速实现了扩张。碧桂园通过大规模开发与资产迅速周转，最大限度提升了回报。曾有记者问碧桂园的负债率是多少，董事长杨国强说："其实负债多少不是问题，我们有能力现在便还清所有负债，我们要借钱是为了回报，你要看我们为股东带来多少利益。"根据招股书，2004—2006年，碧桂园每年的营业额与纯利润分别达到56.5%与141.1%的复合增长，这对投资者来说显然很有吸引力。

站在碧桂园发展的角度来看，持续做大做强的碧桂园经过十多年的积累，其规模已经相当大了。特别是当它成功地从广东省走出去，积极地在全国进行布局的关键时期，为了使飞速的发展状态得以稳固，便进行资本市场运作，这是最好的时机。

碧桂园在香港上市后酝酿大发展，创始人杨国强接受记者采访时表示，碧桂园作为中国城市化快速发展的受益者，将会抓住这个庞大商机，同时借助在香港上市融资的良机以及自身品牌在国内的知名度，全力以赴把成功的商业模式逐渐向新兴的经济高增长地区推广。

可见，公司要想做大做强首先要具备优越的条件，让自身完备才能承载更强大的规模，而只有强者才有可能通过必要的途径变得更强。

第十八章

成为"不倒翁"有方法

不断创新，与时俱进，公司才能长盛不衰

创办一家公司之后，领导者如果不懂得创新、与时俱进，无异于将自己置于绝路之上。原因十分简单，你不创新，原地踏步，别人却在创新，向前奔跑，就会把你越落越远。这样一来，你就没有了出路，甚至最终会因为竞争力不足而被市场淘汰。

公司要想生存与发展，公司领导者绝对不能自以为是、固执己见和墨守成规，只有锲而不舍地进行创新，给公司不断注入新鲜血液，才能拥有更为广阔的市场，收获最后的成功。同时，公司领导者自己也能获得应有的回报，并且会因为创新而焕发出无穷的魅力。

不过，公司创新还有一个前提条件，就是员工必须坚守公司的各项规章和准则。现实生活中，很多员工经常对所在单位的工作规则予以忽视，对此，有些公司领导者会质问员工："你能简单说一下现在公司有哪些条文规定要坚守吗？"在公司领导者看来，如果员工对这些问题都不予以关注的话，更不可能坚守这些规则，齐心协力地去工作，创新也就无从谈起。

当然，规则具有一定的时效性，绝对不是一成不变的。随着时代不断发展、环境不断变化，规则肯定也要适时调整。因此，对公司领导者来说，怎样使公司规则更符合实际的需要是十分重要的环节。

如今，中国经济的快速转型、市场环境的竞争加剧以及移动互联网时代的不断升级，正对我国传统行业产生巨大的冲击。面对适者生存、优胜劣汰的市场法则，如果公司领导者没有挑战的勇气和创新的精神，就永远无法带动企业成长，最终会淹没在市场经济的浪潮中。因此，身为领导者，在投身变幻莫测的市场经济时，一定要警醒自己：懂得与时俱进，及时摒弃陈旧的观念和规则，制定更加完备、更加科学的新规，绝不能一味地墨守成规，明知道现行规则有问题和缺陷却视而不见，更不采取措施加以修正，否则公司将陷入无法挽回的境地。

总而言之，作为公司的领导者，一定要对公司制定的各项规则加以关注，随着公司规模的不断壮大，一旦发现正在施行的规则不再符合当下的境况，甚至会影响公司进一步的创新和发展，就应该果断地做出调整，重新制订新的科学的规则。同时，领导者应注意，公司的规则除了对公司本身有利之外，还要考虑到员工的利益。只有这样，才能激励员工积极发散思维，创新产品，进而保障公司充满活力，取得日新月异的变化。

敢闯敢干才有机会创新

创办公司之初，很多创业者都梦想着把自己的公司打造得更具特色，无论是产品质量还是后期服务，都希望能够做到尽善尽美。但实际上，公司开始运营之后，随着时间的流逝，加之利益的驱使，很多领导者会忘记初衷，于是纷纷效仿那些已经取得成功的公司，失去了自己的独特性，有的甚至深陷其中无法自拔，最终的结果就是被淹没在商海中。

既然是创业，想有一番作为，创业者就必须让自己的公司形成独特的风格，随波逐流的话，只能被"同化"，失去自己的魅力。而且要想凸显自己的与众不同，创业者还必须具备创新意识，使自己公司的产品无论是外形还是性能，都能远远优于其他同类产品，让其他产品根本无法超越。反之，如果一味地效仿别人，被别人牵着鼻子走，那产品的应变力与竞争能力就会大打折扣，不是被市场所淹没就是被淘汰。

所以说，经营一家公司犹如进行一场冒险游戏。在管理公司的过程中，领导者如果禁不住市场考验，做事瞻前顾后、畏首畏尾，甚至随波逐流，那么公司发展壮大的机会几乎为零；相反，领导者如果具备冒险家的胆识，不畏惧创新，勇于突破，那么公司将有机会发展得更大、走得更远。

有人说，在决定做或者不做一件事以前，首先应该对其进行一番认真的调查。但通常情况下，过于认真、谨慎，最后反倒容易得出不可冒险的结论。也有人表示，这种先仔细探路、认真考虑的态度会对下定决心产生消极的影响，如此一来，永远不要奢望有较大的成就了。况且即便事先做过详细的调查，处理过程中依旧没有办法做到万无一失。所以，在做事时还不如秉持冒险的精神与尝试的决心，这样更容易激励自己克服挫折，取得成功。

2011年，第十届中国企业领袖年会在北京举行，会上，中欧国际工商学院米其林领导力和人力资源教席教授李秀娟提出了自己的看法："过去大家对领导者，我们经常听到要有愿景、追求、梦想，而且特别地强调一种敢于冒险、敢于闯荡的精神。这种创业的精神，当然创新也是我们一直推崇的，伟大的企业，为什么这些企业做得好，就是因为有这样一些追求。"由此说明，过于谨慎、缺乏冒险精神往往不足以成大事。但冒险也要求领导者具备一定的勇气和资本（这里所说的"资本"指的是公司管理层的帮助、下属的协助等）。当然，所有的冒险不一定都能取得成功，但是不冒险，永远没有成功的可能。

身为公司领导者，深思熟虑后决定进行某种冒险行为时，可能会一时遭到众人的反对，但如果因此而畏惧并选择放弃，最后只能眼睁睁地看着别的公司抢占了先机，并借此不断扩大规模、增加收益，而自己不是止步不前，就是因错失发展良机而面临更多的困难。

人们经常说："多一事不如少一事。"由此可以看出，很多人都秉持"不做不错"的观念。但是作为公司的领导者和决策者，一定要摒弃这种观念，多多尝试，勇敢去做，只有经历了才会明白机会青睐胆大心细、敢闯敢干的人，而这也是创新和成功不可或缺的。

不管是公司的管理者还是普通员工，都要正确对待冒险和创新，做一个敢闯敢干的人，这不仅对自身的成长有很大的好处，而且对公司的发展有着不小的帮助。

让创新意识在员工的心中生根发芽

作为一名优秀的管理者,既要注重自身的创新,还要不断鼓励员工发散思维,让创新意识在他们的心中生根发芽。

在现实生活中,很多公司员工即便有新想法、新观念,由于种种原因也不敢表达出来。面对这种情况,管理者首先要做的就是鼓励他们培养自信心,不然的话他们就很难发挥出自己的创造能力。

(1)若想员工建立自信心,管理者对他们表现出信任是最佳方式。

(2)管理者可以协助员工设置一些障碍,让他们充分发挥自己的能力寻找更新、更快的解决办法。

(3)认真倾听员工的一些想法,哪怕他们的一些观点在管理者看来是荒唐的,也不能随意下结论或直接予以否定。管理者要谨慎地与当事人做进一步讨论,确认此观点是否真的可行,是否真的更好。

(4)管理者可以鼓励员工多读书,多参与其他富有创意性的活动——这些都有利于员工发挥创造潜能,为他们营造一种接受新观念的气氛。

(5)如果员工的新观念不可行,管理者要委婉地表达出来,然后和蔼地解说原因。与此同时,管理者还应当对员工勇于创新的精神予以肯定。

第十九章

优秀的员工是公司无限利润的源泉

打造最佳的搭档

如果说目标是公司发展的方向,那么团队合作就是公司发展的关键。在团队中,管理者不仅要制定正确的发展方向,把握机会,还要寻找最佳的合作搭档,让团队成为公司发展壮大的有力保障。毕竟每个人既有自己的长处和优势,也有自己的短处。团队中大家优势互补,取长补短,齐心协力,共同为实现公司目标不断努力,只有打造出这样的团队和搭档,才有利于形成公司的特色,促进公司的发展。

唐太宗时期,著名的"贞观之治"开创了一个辉煌的时代。仔细分析不难得出这样一个结论:"贞观之治"的辉煌与唐太宗的善用人才、打造合适的搭档是分不开的。唐太宗发现房玄龄在安邦定国的问题上能够提出许多独到的见解和具体的解决办法,但他却不善于整理自己的想法,也不能很好地下决断。而杜如晦虽然不善于思考,却善于对意见进行周密的分析和总结,决断精准。于是,唐太宗让他们二人一起合作,辅佐朝政,最终取得了"贞观之治"的空前成功。

优秀的管理者总是善于发现身边员工的优势,给他们安排合适的位置让其一展所长,或者对员工进行分组,让他们做到优势互补,更好地创造效益。可见,管理者要想让公司正常运转并取得成功,就要懂得进行科学、合理的人员配置,把每一个员工的作用都发挥到最大，从而帮助公司快速实现效益的最大化。

在公司中，不仅需要员工发挥个体优势，更需要员工之间形成最佳搭档。没有缺点、样样都优秀的人是不存在的，这就需要管理者清楚地知道员工的优势和劣势，并顺势打造最佳搭档，组建优秀的、最具战斗力的团队。最佳搭档的互补方式有很多种，在经营管理公司的过程中，管理者遵循以下几点往往能实现员工的优化配置。

1. 知识互补

不同知识层次的人考虑问题和解决问题的方式是不同的，将他们组在一起做搭档，可以互为补充，更全面地思考问题，取长补短，获得最佳的方案。换句话说，知识上的互补可以让员工在考虑问题的时候认识到自己考虑不周的地方，知道自己哪些方面有欠缺，从而更好、更快地解决问题。

2. 能力互补

员工个体的能力参差不齐，若管理者可以在能力方面实现员工之间的互补，那么团队的整体实力就会相对稳定，不会有太大的波动。另一方面，管理者根据员工的能力状况，让员工不足的方面得到补充，也可以促进他们自身不断趋于完善，从而有利于提高公司整体的员工素质。

3. 性格互补

每个人都有自己独特的性格，有时候性格差异还会很大。如果公司招聘的员工中有的急脾气，有的慢性子，这个时候，管理者可以尝试将这两种人组合在一起，因为脾气急的人情绪一上来，往往做事上就会考虑得不够全面；而性子慢的人一般心思缜密，但优柔寡断，缺少决断力。所以，将这两种员工组合在一起，配合得好的话，遇到问题时，能更细致、更全面地进行考虑，还可以做到决策及时。现实中不少实例说明，不同性格的人往往可以做到互补，从而在公司中形成一个良好的工作氛围，搭档的作用也能因此很好地发挥出来。

4. 年龄互补

不同年龄段的人，因为社会阅历、生活体验不同，对事物的认识也会产生差异。年龄大一些的，他们经验丰富，经历的事情多，能够很好地看到问题的本质，分析问题的能力也比其他人全面；年龄略小的自有他们的优势，比如他们接触新鲜事物的机会多，接受能力也强，敢于冒险，敢于打破陈规。所以说，不同年龄段的人在工作中组合，也能帮助公司实现人力资源的合理搭配，使公司的长久发展焕发活力。

当然，搭档的互补并不仅仅表现在这些方面，管理者还要根据公司自身的实际情况，具体问题具体分析，打造出最适合本公司发展的搭档组合。

第十九章　优秀的员工是公司无限利润的源泉

能力比学历重要

在招聘过程中，有些人有能力，但是学历不高；有些人学历高，但是能力稍差。面对这样的应聘者，公司的人事主管有时候也不知道该怎么选择。有些管理者在面对这样的情况时，一般也会感到头疼。但是，学历真的比能力还重要吗？要知道，公司的发展需要的是有能力的人，即使学历再高，没有能力，对公司的发展也是无益的。所以目前大多数公司在招聘时都侧重聘用那些能把工作做好的人，而不会单纯因为应聘者是高学历就聘用他。

贸易公司的李总最近非常高兴，因为他招到一个十分得力的助理。

这名助理大学专科刚刚毕业，前来面试的时候，李总见她虽然话不多，但是为人诚恳，就决定聘用她，试用期是三个月。结果一个月还未到，李总就提前让她转正了。她之所以能够提前转正，是因为她做的三件事情令李总特别满意，李总也因此认为她做事认真、细心，有能力胜任这份工作。

第一件事是李总让她订机票。在打了很多电话后，她向李总汇报，说公司原来合作的订票公司价格上不是最便宜的，她找到几家更为便宜的订票公司，并把结果给李总看——表格非常清晰，起飞时间、航空公司名称、准点率都列在里面，一目了然。这是李总以前的助理没能做到的。

第二件事是她代收供货商送来的样品。她列了一个详细的样品清单，并且供货商送来样品之后，她就让对方在清单上对应的地方签字，这样一来，送货人、送货时间、送货数量等都非常明确。

第三件事是她接到一个催款电话。当时，她知道公司的回款出了点问题，公司向银行申请的贷款也还没有下来，所以接到电话的时候，她直接回复对方："不好意思，李总现在正在开会，等一会儿结束了我会转告给李总的。"

虽然这位助理仅仅是一位专科生，但李总对她的工作能力十分欣赏，决定观察她一年，并有意提拔她做公司部门主管。一家咨询公司的管理者说："公司看重的是员工的思维和分析能力、想象能力，至于学历的高低，不同的专业，那只是一些理论知识而已，花点儿时间就可以学会，但公司需要的那些能力却不是花时间就可以学到的。"

事实上，不是所有的公司在招聘的时候都只重视员工的能力，一些招聘者先看重学历再选择能力的情况也是存在的。但是，学历真的比能力更重要吗？答案是否定的。对公司的发展来说，员工的能力比学历更重要。一些人往往只会"死"读书，遇到突发状况就方寸大乱、手足无措。而有能力的人在面对突发状况的时候，不会慌了手脚，他们往往能够以从容的心态、冷静的头脑去面对和解决。招聘时看重学历的人，通常先入为主地认为，这些有高学历的人是优秀的，应该能很快适应本职工作。况且，中国的教育制度已经选拔出了优秀的人，公司又何必再浪费人力、物力、财力去找呢？正是因为这样的想法，一些有能力的人得不到施展才华的好机会，于是被埋没了，这对公司的发展也十分不利。

第十九章　优秀的员工是公司无限利润的源泉

其实学历只是一块"敲门砖",门被敲开了,学历的作用也就不大了。步入职场后,工作上就需要施展自己的能力了。这时候与高学历的人站在同一条起跑线上,学习和适应能力就是你证实自己价值的最有力的武器。

毋庸置疑的是,无论是什么性质的公司,在竞争的环境下,只要是你有能力,就不要太在乎学历。一些公司现在选人的标准是:只要能够为公司的发展做出贡献、创造效益,就会被聘用。能力比学历重要,管理者只有认清这一点,才有可能让公司得到更好的发展。

苹果公司的创始人乔布斯在斯坦福大学的毕业典礼上说:"我从来没有从大学中毕业。说实话,今天也许是我的生命中离大学毕业最近的一天了。"微软公司的创始人比尔·盖茨在哈佛大学的毕业典礼上说:"有一句话我等了30年,现在终于可以说了,'老爸,我总是跟你说,我会回来拿到我的学位的!'"

乔布斯大学没毕业,但是他成功将苹果公司推向了世界巅峰;比尔·盖茨大学也没有读完就辍学了,但是他把微软打造成世界上覆盖率最高的电脑系统。乔布斯和比尔·盖茨的故事无不充分证明了能力比学历更重要。正是因为乔布斯和比尔·盖茨拥有非比寻常的能力而不是高学历,才会让世界上更多的人知道他们。

绩效考核，人尽其才

绩效考核源于英国的文官制度，早期文官升迁主要靠资历——不管能力高低，只要有资历就能逐年晋升。这种陈旧的升迁方式导致文官工作效率极为低下。为了改善这种情况，英国进行了文官制度改革，实行考核制。改革后，文官的工作效率大幅度提升。

对今天的上班族来说，不同的考核方式适合不同的公司采用，对员工自身的影响也不相同。

三星创始人李秉喆把80%的时间用在积聚和培养人才上，其用人特色成为公司文化的重要组成部分。重视人才，教育、培养人才，大胆起用人才是三星一贯的理念。

三星是韩国最早采用公开招聘制度的公司，被韩国公司界称为"人才学校"。三星的"人才经营"新战略是：注重吸纳"天才"；善用"个性"人才；敢用奇才、怪才，向全球猎才，为己所用。

在三星公司看来，拥有天才或天才级的人才是公司发展最为关键的地方。三星几十年如一日地从美、英、法等国家的顶级院校挑选出一大批战略型人才进行人才储备。现在三星已经拥有很多世界一流技术水平的天才和一大批成熟的技术支持者。正是这么多天才才组成今天我们看到的三星商业帝国。

第十九章　优秀的员工是公司无限利润的源泉

三星十分喜欢天才。但生活告诉我们，天才往往代表着"个性"。换句话说就是他们"不合群"，在协调方面有很多不足之处。为此，许多公司的领导者为了便于管理，宁愿用平庸的、毫无棱角的员工也不愿意用一个棱角突出的人。三星则认为，天才的"个性"会使他们对事业极为执着，很有可能成为那个领域的专家，一旦高层管理人员能够协助他们扬长避短，这样的人就足以"以一当十"！

另外，三星还非常乐意聘用奇才和怪才。他们甚至聘用曾经的网络黑客从事系统的开发工作。这些人不像人们想象的那样"双商"和学历奇高，他们有些甚至从来没有接受过正规的教育！事实上，三星的很多高管最初所学的专业与现在所从事的职业没有一点儿关系，但他们最终都能在三星找到自己的位置，以及充分发挥自己能力的平台。

英雄不问出处，要想公司的发展有所突破，领导者就要注重人的潜力而不是学历。认可员工的能力会让员工对公司产生高度的认同，并对公司产生很强的归属感，如此，员工就会尽心尽力地为公司付出自己的汗水，使公司的运转效率达到极致。很多公司也正是因为具备这样的用人理念和精神，才使自己得到蓬勃发展，甚至能冲出国门，与世界百强公司竞争。

第二十章 20

沟通可以提升绩效

倾听员工的声音

有调查发现，沟通时最重要的就是倾听。人们在倾听上花费的时间远超出其他任何一种沟通方式所需要的时间。换句话说，倾听是一种最有效、最重要的沟通方式。公司经营过程中，管理者同样需要倾听，通过倾听员工的声音，了解员工的心理变化和需求。具有良好群众基础的管理者才是合格的管理者。如果管理者不能很好地了解员工，只是简单地、机械地下达命令的话，员工就会认为管理者没有人情味，从而使管理者失去群众基础，公司的经营运转也会出现危机。

沟通的前提是要学会倾听。有些员工的心中其实上下级观念非常强，受这种观念的影响，他们往往不敢或不愿意跟管理者直接沟通。尤其是有些管理者在日常工作中总给员工一种居高临下的感觉时，员工更不会对管理者畅所欲言。这就导致管理者和员工虽然都有倾诉的愿望，但是鉴于岗位不同、身份不同，心理上自然会有一定的位差，使得员工不会主动向管理者倾诉；而管理者因为事务繁忙，很少有闲暇时间找员工聊天，从而导致彼此隔离，产生误会或者矛盾。遇到这种情况，明智的管理者会合理安排工作，空出时间倾听员工的心声，拉近彼此之间的距离，相互理解，打消各自的顾虑。

管理者倾听员工的声音，有利于了解和掌握公司里的更多信息。因为一个

第二十章　沟通可以提升效绩

人精力有限，无法兼顾很多的事情，尤其是公司刚刚起步，其工作重心势必会放在与外部的联系和公司未来的发展上面。而恰恰这个时候又是新团队组建后员工间的磨合期，公司整体方面存在的各种问题也会日益凸显出来。所以说，管理者一定要适时安排跟员工进行耐心的交流与沟通，以便了解公司当前运营状况，并在第一时间发现问题、解决问题。

有研究表明，跟总是喋喋不休地说话的人相比，大家更喜欢懂得静静倾听的人。所以，管理者面对员工的时候，千万不能自己一个人不停地说，要给员工留一些表达观点的时间，懂得并学会倾听他们的声音。这么做不仅能跟员工互动，还有一个好处就是，员工会潜移默化受这种氛围的影响，当他们面对客户时，也能做到很好地倾听，从而给客户留下好印象，并维持客户资源。

在一次推销中，乔·吉拉德与客户洽谈得非常顺利，可是就在快要成功签约的时候，顾客却突然反悔，导致乔·吉拉德最后没有推销成功。晚上，乔·吉拉德按照顾客留下的地址找上门求教。客户见乔·吉拉德这样真诚，便实话实说道："本来我已经决定买你的车了，可我提到我的独生子即将上大学，而且还说到他的运动成绩和他将来的抱负，我以他为荣！可是你不仅没有任何反应，还在得意扬扬地与你的同事吹牛。我一恼就改变了主意！"

顾客的回答提醒了乔·吉拉德，让他认识到了倾听的重要性。后来，乔·吉拉德说："世界上有两种力量非常伟大，其一是倾听，其二是微笑。你倾听对方越久，对方就越愿意接近你……上帝为什么给了我们两只耳朵一张嘴呢？我想，就是要让我们多听少说吧！"

在后来的工作过程中，乔·吉拉德非常注重倾听客户的声音，了解客户的需求。

有些管理者没有给员工留下好的印象，不是因为他们表达得不够，而是因为他们不注重倾听。人们都有发表自己意见、表达自己情绪的心理，所以管理者可以抓住这个机会，先让员工将自己的想法表达出来，认为你是一个平易近人的领导，值得信赖；然后你再根据员工的情况对他进行安抚，并给他提出一些指导性意见，从而激励他更加努力地工作。所以说，管理者倾听员工的想法也是促使公司发展的一种方式。

美国著名的主持人林克莱特在一期节目中对一位小朋友提出了这样一个问题："你长大了想做什么？"

小朋友回答说："我要当飞行员！"

林克莱特接着又问了小朋友一个有难度的问题："如果有一天你驾驶的飞机飞到太平洋上空，所有的引擎都熄火了，你会怎么办？"

小朋友想了想说："我先告诉飞机上所有人绑好安全带，然后系上降落伞，先跳下去。"

在场的观众发出了笑声，只有林克莱特继续注视着孩子，等待孩子后面的话。这时候孩子哭着说："我要去拿燃料，我还要回来！还要回来！"

当所有的观众因为小孩子的话发笑的时候，林克莱特并没有笑，他耐心地等待着孩子接下来的回答，这才发现，原来他内心渴盼着拿回燃料后再来救这些乘客。这个小故事给公司管理者的一个启示就是：当员工表达自己的观点或者看法时，管理者不要急于打断他们，否则就无法得知他们内心的真实想法，甚至会因为没有表达完整而对他们产生误会或者偏见。

一旦管理者对员工产生偏见，那么不管这名员工说什么，领导者往往都不会用心倾听。所以，管理者只有放下心中对员工的偏见才能做到更好地倾听。

当员工有了可实行的建议或者想法的时候，管理者要及时让这个可实行的想法变为现实。同时，不要忘记对提出想法的员工加以表扬。这样做既可以得到员工的信赖，还能鼓励员工有了新想法后及时地与管理者进行沟通。

　　立场和出发点的不同会让彼此的观点有所差异，这就导致管理者有时候很难接受员工的观点。如果彼此意见相同，方向相同，自然会心满意足；如果员工的观点与自己的不同，管理者就会产生抵触情绪，在员工还没表达完观点的时候，就会"插嘴"发表自己的意见，进行辩解甚至反击。遇到员工有不同意见的情况时，管理者要静下心来，不要急于下结论，尤其是否定性的结论，等到员工把意见发表完之后，经过全面认真的思考，再给出自己的结论也不迟。

用平等的态度与员工交流

一天之中，下午3点到3点半正是公司的黄金时间，大家争分夺秒地伏案工作、电话铃声与键盘的敲击声此起彼伏，甚至忙得连喝口水的时间都没有，这是我们常见的公司运作状态。然而在这个时间段的外企，居然有人完全不在工作状态，不仅没有"努力"工作，还三三两两地端着咖啡或红茶，有的人面前甚至还摆着糕点和水果，在一起说笑聊天或者翻看杂志。其实，这是一些外企给予员工的特殊福利——下午茶。

所谓"下午茶"，是公司给予员工的一段额外的、可以自由休息的时间。在下午茶的时间里，员工们可以让自己紧绷的神经放松一下。有研究表明，下午茶有利于增强人的记忆力和应变能力，有喝下午茶习惯的人，其记忆力和应变能力要比没有这个习惯的人高一些。公司为员工提供下午茶，不仅可以体现出公司对员工的关怀，更有利于在公司里构建出一种非正式沟通的环境，让员工可以在精神紧绷的高强度工作之后得到适当缓解、放松。

很多公司领导者为了征集员工的意见会选择开会，没有其他的方式来倾听员工的声音。其实，开会的时候，管理者一般也不能很好地知道员工心中的真实想法，最终得到的意见和建议也都不会是非常准确的。这种过于正式的沟通方式会让员工在心中有所顾虑，一般不会把自己的看法都说出来，就算有想法，

第二十章　沟通可以提升效绩

大多时候也只会保持沉默，以至于想要研究的问题根本谈不透，得不到很好的建议，管理者内心沮丧，还会给员工带来无形的压力。

杰克·韦尔奇有"世界第一 CEO"之称，他的管理方法独具特色，并且非常有成效。其中，"便条式沟通"就是他的经典管理方法之一。

韦尔奇在担任通用电气执行总裁的几十年里，每天必做的事情就是亲自给各级员工甚至员工的家属写便条。便条的内容非常简单，如征求一下员工的意见，关心员工的生活和业务发展的情况等，语气也非常亲切。员工们都很珍视韦尔奇的便条。不仅如此，韦尔奇每个星期都会出现在某些工厂或办公室，与员工们共进午餐。韦尔奇通过这种非正式的方式让员工感受到他的存在，并且毫无顾忌地说出自己心中的想法，从而获得对公司发展有帮助的信息。

韦尔奇曾经说过："我们已经通过学习明白了'沟通'的本质。……真正的沟通是一种态度，一种环境，是所有流程的相互作用。它需要无数的直接沟通。它需要更多的倾听而不是侃侃而谈。它是一种持续的互动过程，目的在于创造共识。"在韦尔奇看来，沟通需要真诚，他用便条与员工进行沟通，将管理者与员工的关系当成普通人之间寻常的沟通，让员工可以随意地与他对话。这种非正式的对话比起那些正式的会议沟通效果要更加明显，更能达到集思广益的目的，还可以获得员工的信赖和忠诚，让公司发展得更好。

非正式的沟通可以取得很好的效果，原因就是能够让员工时刻感受到管理者的平易近人。当员工认为管理者富有人情味，关心员工、了解员工、尊重员工，非正式的沟通才会畅通无阻。也正是因为非正式沟通之后的互相理解，才能让公司的管理者和员工更紧密地合作，为公司发展创造一个良好的工作环境。

随着社会的发展，非正式沟通被公司的管理者广泛认可，其沟通的形式越来越丰富。很多公司纷纷采用具有自身特色的沟通方式。比如，英特尔公司的网络开放式沟通，员工可以和管理者进行网络面谈，并且谈话的内容可以由员工来决定；摩托罗拉的沟通方式是总裁和各级经理的"每周一信"，讨论项目的进展情况等，征求员工的意见和建议；三菱重工从上到下的公司员工，举行"周六例会"，以聚会的方式进行沟通。

非正式沟通备受公司管理者青睐，是因为它将管理者和员工放到了对等的位置上，通过放松、自由的环境，平等地进行沟通，在这种环境和氛围下，员工能够放松自己，敞开心扉，向管理者吐露心声，说出内心的想法，提出中肯的意见和建议。

管理者可以自由选择非正式沟通的渠道，比如和员工一起闲聊，吃饭的时候和员工进行恰当的交谈等。非正式沟通便于消除上下级之间的隔阂，让交谈双方更加畅所欲言。而且在这样的场合下沟通的内容将会很广泛，方式也会非常灵活，不需要管理者和员工刻意去准备什么，就能立即进行简短的沟通，快速解决问题。当员工察觉到管理者可能要进行交谈的时候，心中难免会有一些提防。所以，管理者首先要做的就是打消员工的戒备心，让员工能够更好地说出自己的想法。当然管理者对员工的信任和坦诚是有效聊天的前提。

说服下属有技巧

说服下属是一门学问，管理者想在工作中掌握沟通的主动权，就需要这种才能。想要员工心悦诚服地接受管理者的思想，管理者就必须具备强大的口才能力。

那么，管理者怎样才能提高自己说服别人的能力，从而使公司内部达成一致，并赢得员工的信任呢？可以从以下几个方面进行。

1. 赞扬员工

在任何一家公司工作的员工对于自己的辛劳付出都十分渴望得到公司领导者的肯定和赞扬，所以说，懂得适时赞美员工，也是领导者经营公司过程中的一项工作。

一天晚上，一个小偷进入韩国某大型公司，正准备撬保险箱，不料被公司的清洁工发现。面对手持凶器的小偷，清洁工临危不惧，并与小偷展开搏斗。最后小偷逃走了，清洁工保住了公司的财产。第二天，当大家知道这件事情后，对清洁工的行为表示不解，于是问清洁工当时他是怎么想的。出乎所有人意料的是，清洁工告诉大家，因为公司的总经理每天上班遇到他时都会称赞他工作认真、清扫得十分干净，所以他当时根本没有想太多，只是觉得自己有义务保护公司的财产。

正是因为公司领导的赞美，清洁工增强了责任感，所以为了保住公司财产，他奋不顾身地与小偷进行搏斗。这也能启示管理者，对工作表现卓越的员工，别错过任何赞扬的机会，这样能够让他们产生荣誉感和价值感，从而更有动力、全身心地投入到工作中，心甘情愿为公司做事。

2. 表率作用

如果管理者对待员工非常信任，那么，员工也会回报给管理者同样的信任。所以，管理者希望在员工的身上看到能让公司进步的举动，就要自己首先做出表率，感染身边的员工，只有管理者率先展现出自己所期望的，才能引导员工做出同样的行为。

3. 言行一致

管理者想要更好地说服员工，首先要自己说到做到。只有管理者的言行一致，才可以让员工严格地遵守公司的各项规章制度。而且管理者言出必行也必然会影响身边员工的做事风格。想让员工更好地工作，管理者可以制定奖惩制度，前提是，当员工取得的成绩达到相应标准的时候，管理者真的能够兑现奖励。

4. 拥有权威

对于专家的意见，大部分人都会听从。所以，管理者想要成功地影响下属、说服下属，首先就要用知识和技能武装自己，增强专业性，获得员工的认可。只有树立起作为管理者的权威，才能在管理公司时达到意想不到的效果。

第二十章　沟通可以提升效绩

　　一家公司的经理对员工最近的表现非常郁闷：公司经常会聘请一些有经验的培训师对员工进行培训，可是培训一结束，大家都还是原来的模样，一点儿改变都没有。不管培训师说什么，员工都无动于衷。

　　后来，经理又请了一位特别知名的培训师。这位培训师在讲课之前先对员工进行了摸底，发现员工们对于培训的内容都非常了解，但对于培训师的了解却非常少。于是培训师在第一堂课上没有进行培训，而是拿出自己的文凭和证书挂在墙上，然后讲起自己的工作经历。经过几周的培训，员工们的工作效率明显提高了很多，而且销售业绩呈直线上升的趋势。

　　管理者想要公司内部更加融洽，就要解决员工的问题，靠能力和实力说服员工接受意见，但同时还不能失去威严。管理者若能说服员工接受自己的意见，既可以体现出管理者说话的水平和能力，还可以拉近和员工之间的距离，更好地帮助公司发展，增加公司内部的凝聚力和向心力。

给员工说话的机会

任何一家公司的发展都不是管理者一个人的功劳,有时候员工提出的想法和建议在很大程度上也有利于促进公司的发展。因此,管理者要引导员工对工作中遇到的问题及时提出自己的看法。实际上,经营公司最忌讳的就是管理者一人独大,听不进任何意见,永远认为自己才是正确的。

管理者要想公司能够得到进一步的发展,就要重视员工的话语权,毕竟员工对于公司的现状和公司产品质量的提升有着与管理者不同的意见和思考问题的方式。给员工说话的机会,从员工的建议中获得方法,最大限度地发挥员工的作用,有利于帮助公司产品和服务质量的不断改进。

世界零售业巨头沃尔玛中国区的总裁高福澜曾说:"沃尔玛在中国发展如此迅速的原因就是我们重视员工说话的机会,让员工把话说出来,为公司的发展做贡献。"

沃尔玛来到中国已经二十多年,这个世界零售业的老大在中国的发展也是有目共睹的。高福澜说,自上任以来,他已经走访了一百多家沃尔玛超市,在那里他可以尽情地和员工交流、沟通,每周还有例行会议,让他能对公司的业务情况有一个比较深入的了解。但是,相比之下,高福澜说他更喜欢在卖场里了解公司的业务。

沃尔玛在中国拥有四百多家卖场，高福澜不辞辛劳巡视的原因就是希望可以在现场聆听员工的想法。聆听对沃尔玛来讲是非常重要的。聆听员工的声音、聆听顾客的声音、给员工说话的机会、让员工勇敢地表达自己的想法，这都是沃尔玛成功的原因。

沃尔玛能够发展成为如今的规模并且处于领先的地位，与沃尔玛让员工畅所欲言是分不开的。这也说明，公司想要得到长久的发展，忽视员工的声音是绝对不行的。公司管理者的想法有的时候可能确实片面、不周全，这个时候，员工从不同于领导者的角度考虑问题得出的想法往往会使问题解决得更加全面、彻底。

海尔的管理层说过这样一句话："要让时针走得准，必须控制好秒针的运行。"如果把公司看成时针，那么毋庸置疑，员工就是秒针。公司要想走的每一步都非常精准，就要让员工在工作中精准地实现一个个小目标，只有小目标都实现了，公司的大目标才有可能实现。因此，海尔给每位员工都发了"建议卡"，员工在工作中有任何想法、建议，都可以写在"建议卡"上。对于员工提出的合理建议，海尔公司管理层会立即采纳并且施行，同时对建议的提出者给予一定的奖励。对于一些不适用的建议，海尔管理层也会第一时间给予回应，让员工知道他的想法已经被考虑过，但是存在一些欠缺，需要完善。这样做会给员工被尊重的感觉，让他们能在日后的工作中更加勇敢地说出自己内心的想法，从而帮助公司解决当前遇到的问题。

研华科技公司在何春盛担任中国区总经理以来，业绩一直保持高速增长。何春盛认为，公司能取得这样的成就，与让员工把自己的想法说出来是分不开的。

在研华科技公司里，每个人都是平等的。何春盛说，当员工进入一家新公司，看到冗杂的组织架构图，不知道怎么样才能往上爬的时候，他的工作积极性就已经被打击了。但是每个公司又离不开这样的组织架构。所以在公司里营造出一种平等的气氛，能让员工一定程度上淡化组织架构，虽然在公司里还是会有上下级，但彼此之间会觉得亲切。同时，这种平等的气氛有利于让员工放松，随时把自己的想法表达出来。

这也是为什么何春盛在公司里没有自己单独的办公室，而是和员工在一起办公。何春盛说："当一个管理者把自己关在一个房间里的时候，就代表着他和员工之间划出了一段有形的距离。"而这种管理者与员工一起办公的情形总能给人一种更加平等的感觉，从而激励员工对公司的发展提出自己的想法。

公司的起步，离不开管理者的苦心经营；公司的持续发展，离不开员工贡献自己的智慧和力量。然而，有一些管理者对员工的想法总是不以为然，予以忽视。殊不知，这样做实际上阻塞了公司未来发展的路。管理者一旦轻视员工的想法，员工就会觉得自己不被尊重，慢慢地，在工作中就会出现消极的情绪，对工作不再抱有热情，时间长了，甚至会选择离开，去寻求更好的发展。无数优秀公司的成功都证明了一点：只有给员工说话的机会，让他们切身感受到是公司的一分子，将公司的荣辱与自己的利益相融合，这样公司才会发展得更好、更长久。

第二十一章

理智应对,危机背后是转机

临危不惧，冷静应对

对于管理者而言，"选择"是一件平常事，但做出的选择正确与否却决定着一家公司的存亡。在紧要关头，面临重大的抉择时，管理者要放稳心态，不能自乱阵脚。

众所周知，"能否时刻保持冷静"是体现心理素质的一个重要标准。

> 孔子周游列国。有一天孔子到了宋国，在一棵大树底下给弟子们讲习礼仪，结果被宋国主管军事行政的桓魋发现。桓魋担心孔子会对宋桓公构成威胁，于是对他充满敌意，并命人砍倒了大树，想恫吓一下他。不料，孔子悠然离开。孔子的弟子不解，劝他快点走，孔子却说："上天把德行给了我，桓魋又能把我怎么样呢？"

沉着冷静、镇定自若是一种独特的气质，尤其对公司管理者来说，平时的一言一行以及面临疑难问题时做出的决策往往能体现出其良好的内在修养和强大的心理素质。而内在修养与心理素质又是决定一个人成败的关键。身为公司管理者，要时刻保持镇定和冷静，即使遭遇变故，其宠辱不惊、心无旁骛的心态对局势的判断和实际问题的解决具有至关重要的作用。另一方面，员工看在眼里，会对管理者更加信服，齐心协力共渡难关。

保持镇定的心态可以使人临危不惧，在面对危难时保持头脑冷静，进而迅速做出正确的判断。所以说，有一颗时时刻刻保持镇定的心，你才能时刻散发出异于常人的智慧。反之，那些心浮气躁的人在面临决断时犹犹豫豫、手忙脚乱，总会因此误事。作为管理者，危机来临时，切记要保持头脑清晰、理智地思考问题，以便快速找出最佳的解决办法。

苏洵曾说"泰山崩于前而色不变，麋鹿兴于左而目不瞬"，意思是即使泰山在眼前崩塌也面不改色，麋鹿忽然出现在旁边也不去看它一眼。可见，管理者只有保持镇静的心态，才能在某重大事件突然发生并要快速做出决断时，不至于自乱阵脚。

平和、沉稳也是管理者应当具备的素质。人只有在冷静的情况下才能比较理智、周全地思考问题，才能正常分析事物发展的始末，尽可能避免被感性心理影响使决断变得偏激。作为一个管理者，必须时刻提醒自己要保持思路清晰、沉着冷静，不被眼前的蝇头小利牵绊，让自己"靠得住"才能在潜移默化中影响员工，让他们发挥自己的潜能，积极理智地应对各种困难。

处事镇定体现在很多方面，尤其是在遇到突如其来的事件时，更要用一颗平常心去对待。倘若面临大的投资风险，内心强大的管理者会表现得宠辱不惊、从容淡然，管理者自己不慌不乱才可以让员工安心，然后大家一起集思广益解决问题，走出瓶颈期，化危机为转机。可见，一个成熟的管理者输什么都不能输修养，只有加强自身修养，提高心理素质，才能在面对挑战时百战不殆。

勇于承担责任，化危机为转机

公司在发展过程中难免会遇到危机，事实上遇到危机并不可怕，可怕的是管理者不能直视危机并及时有效化解。众所周知的福特汽车公司、可口可乐公司、波音公司等这些世界著名企业在发展当中也都遇到过各种各样的危机，但领导者最终成功战胜困境并建立起了属于自己的商业帝国，一切源于他们站在正确的角度看待问题并积极解决，这才使得公司继续向前发展。

2012年3月15日，北京三里屯的一家麦当劳被央视3·15晚会曝光出售过期食品——盐焗鸡翅超过规定保存时间却并不取出扔掉，过期的甜品派重新包装或修改到期时间，半成品掉到地上后不加任何处理继续加工销售。

当晚9点左右，距离央视报道播出仅一个小时，北京市卫生监督所的工作人员对该店突击检查，发现除上述违规操作外，该家麦当劳店操作间的垃圾桶没有加盖、冷库的食品没有上架存放、食品与外包装材料配置混乱，甚至面包坯子存放在夹道而不是食品专用库内……对此，卫生监督所工作人员向媒体公布了检查结果，并提出了《卫生监督意见书》。与此同时，麦当劳公关部相关负责人表示，公司十分关注此事，会对相关员工做出惩罚。

紧接着，麦当劳新浪官方微博于9点50分做出回应：央视3·15晚会所报道的北京三里屯餐厅违规操作的情况，麦当劳中国对此非常重视。我们将就这

第二十一章　理智应对，危机背后是转机

一个别事件立即进行调查，坚决严肃处理，以实际行动向消费者表示歉意。我们将由此事深化管理，确保营运标准切实执行，为消费者提供安全、卫生的美食。欢迎和感谢政府相关部门、媒体及消费者对我们的监督。

3月16日至21日，麦当劳三里屯店停业整顿，追究相关人员的责任，与此同时通过媒体向其他连锁店面再次重申餐厅操作标准，要求各门店进行彻底自查。22日，麦当劳三里屯店完成内部自查和培训，开始恢复正常营业。营业当天，不仅在店门上贴出了"用心承诺"的字样，还在门前竖起一封致歉信，"深表歉意""监督""批评"等字样醒目地标示了出来。

面对突如其来的危机，麦当劳方面没有进行辩解，而是负责人及时赶到现场配合卫生监督所的工作，还通过官方微博真诚地向公众致歉，承认这是一次违规事件，并会立即调查、严肃处理。再加上后期三里屯麦当劳店停业整顿的举措，广大消费者看到了麦当劳知错、认错、勇于改错的态度和决心。麦当劳的形象也因这些举动得到了保全，并重新赢得了消费者的信赖。

波音公司是航空航天业的领袖公司，也是世界上最大的飞机制造商，同样也经历过类似的问题。1988年，波音公司生产的一架737飞机起飞后不久发生了爆炸，前舱顶盖掀开了一个直径6米的大洞，一名空姐被甩出机外。万幸的是驾驶员技术精湛，飞机最终安全降落，除了那名不幸罹难的空姐，没有人员伤亡。

这起意外事件的发生给波音公司带来了巨大的影响，也引来对手的嘲笑和围观。可以说这起事件对波音公司而言是致命的一击。但此次危机并没有让波音公司输在心理战上，事后他们很快召开新闻发布会，对意外事件的发生给了媒体和民众一个合理的说法：谁都不希望发生空难，作为波音飞机的生产商更是如此。这次空难的发生是由于飞机的零部件磨损严重——一共起落9万余次，零部件的使用时间已经长达20余年——这几乎是飞机寿命的极限，远远超过了自身的安全系数。不过在发生爆炸之后，飞机依然能够保证无乘客伤亡并安

全降落，这也足以说明飞机的质量是有保证的。

波音公司没有因为事件的发生而感到畏惧，它选择直接应对，毫不回避。最终，波音公司的这种处理方式得到了民众的信任和肯定。经历了此次事件之后，波音公司接到的订单不仅没有减少，反而大大增加了——波音接到了737份订单，仅在5月份，销售额就高达73亿美元，与往年同期相比增长了一倍有余。

面对危机，聪明的管理者敢于正面回应社会的质疑，有强烈的责任心，并以对民众负责、对自己公司负责的态度积极采取措施解决。勇于承担责任的管理者总能得到社会的信任和肯定，反之则会害人害己，最终把公司送上不断衰退的不归路。

第二十一章　理智应对，
　　　　　危机背后是转机

危机也可以转为商机

任何事情都有两面性，危机发生了，也可能从中寻找另一种发展的希望，关键在于管理者是否能用客观的态度来看待。管理者通过对公司的发展进行分析和规划，加之采取有效的经营手段使客户对公司产生认同感和信赖感，才能在危机到来之时不仅能快速化解危机，还能从中找到利于公司开拓和发展的商机。

可以说，公司经营的过程中遇到大小危机犹如家常便饭，但依然没有哪个管理者是不痛恨它的，因为有时候危机所引发的后果令管理者无法掌控、预料，严重时还会给公司的发展造成致命打击。但是反过来，危机考验着管理者的领导力。事实也证明，每次危机过后，管理者的领导力都会有进一步的提升。领导力越强，公司成功发展的机会才越大。

随着时代的发展，各行各业在经营和管理中为了应对突发事件都会制定危机处理系统，这个系统能够将公司在危机中的损失降到最低。一般来说，管理者处理问题的机会越多，就越能在面对危机时快速找到既高效又合理的解决办法，其中，危机公关就是一个关键环节，提前做好应对危机的公关准备更是重中之重。

作为管理者一定要明白的是：纵然解决问题的办法有千万种，可无论按照什么样的套路，最终带给公司的应该是效益、利润和发展。所以不能脱离公司的实际情况空谈危机管理、公关应对，必须根据公司实际的发展情况，制定科学完善的危机管理机制。值得说明的是，危机管理和公司的全面战略就像孪生兄弟，二者必须是相辅相成的。而且管理者处理危机至少要满足以下三个层面才能彻底将其解决。

在危机发生时镇定理智，冷静分析深层原因，找到问题的关键是第一个层面。这个层面也是最底层的，它考验的是管理者应对危机的反应速度以及精准判断、分析问题的能力。尽管这个层面层次低，却对之后能否解决危机并完成一个漂亮的"绝地反杀"有着不容忽视的作用。

第二个层面是化解危机。在危机发生之后能够迅速做出反应，在最短的时间内解决掉。这就需要管理者做好完善的监督和反馈机制。任何事情的成败都不是一朝一夕形成的，任何危机在产生之前都会有一些预兆，比如公司经营管理的某个环节出现了失误，而大家都没有引起重视，这才给公司的发展埋下了重大隐患。管理者只有及时关注并尽早发现危机，才能在最短的时间里找出办法将其化解掉。

第三个层面是利用危机，这也是危机管理的最高层次。就是说管理者要善于抓住危机带来的机遇，甚至能找到公司新产品的推广方向，达到出奇制胜的效果。例如威露士以"家庭消毒专家"为标志在"非典"期间出现在人们的视野。在当时那种环境中抢得的商机为它的销量和品牌都打下了良好的基础，这也是威露士在竞争中能够站稳脚跟的原因之一。就连网络远程教育也利用了"非典"这个特殊时期推动了主流教育模式的发展。

由此可见，管理者要做的不仅仅是解决危机，还要尽可能地顺势将危机转换为商机，在逆境中塑造出更好的公司形象。

防微杜渐，防患未然

无论是创业伊始还是后期想要扩大公司规模、保证公司持续稳定发展，身为管理者都必须时刻具备忧患意识和长远眼光，如果一时为了眼前的利益而不顾大局，公司就有可能陷入无法想象的困境之中。

第一代晶体管收音机在日本索尼公司试制成功后，公司创始人盛田昭夫将美国作为产品的出口国。虽然这种收音机体积很小，但和原来的真空管收音机相比，性能上实现了巨大的飞跃，是一款在当时既方便又实用的收音机。日本并不是一个资源大国，市场容量也不大，产品要想有所发展只能依靠出口。一番艰难的推销工作之后，索尼在美国打开了市场。

最让人吃惊的是，有一天出现了一位大客户，他一次就订购了10万台晶体管收音机，这对刚刚起步的索尼公司来说可谓是一个扩大发展的好机会。倘若能签下这样的大单，利润将是非常可观的。一听到这个消息，公司的员工都欢呼雀跃起来，希望能给这位客商多些优惠，以便尽快签下合同。

就在这个时候，公司总部宣布了一条奇怪的价格"曲线"：订货

5000台，价格保持不变；订货1万台，价格降到最低；订货超出1万台，价格逐步抬高；订货10万台就按照让对方破产的价格来拟订合同。这个消息一公布，立即引来了公司员工的热议，这种价格"曲线"不但不利于公司目前的发展，还在一定程度上拒绝了大客户，看起来毫无道理。

还有一点令公司职员及客户都感到困惑。按照常规，订货数量和价格应该成反比，即订货数量越多，价格越低，可索尼总部提出的价格"曲线"却违背了这一规律。

后来盛田昭夫终于将他的囊中之计透露给了他的员工。就当时索尼公司的发展形势来看，公司的年产量较订货的10万台数量相差甚远，想要接受这批订单，就必须成倍扩大生产规模。这时候，公司就需要为了扩大生产而去筹款，倘若此后再也没有这样的大订单，那么刚刚起步的索尼公司只能面临破产。

订货的数量和单价成反比，这应当算是一个比较成熟、完善的方案。对于刚刚起步的索尼公司而言，签下这笔订单完全可以使它在短时间内飞速发展，是一个绝妙的大好时机。而另一方面，对公司的发展前景来说，为扩大生产盲目筹款导致的生产不稳定、发展不平衡很有可能使公司面临一场危机，也为公司的发展埋下了无法挽回的隐患。所以索尼公司临时制定了反常规的价格"曲线"，为了给生产和订货双方都带来利益，以1万台的订货量为单位生产进行价格调整，同时也规避了公司在发展中存在的风险。

每一个成功的公司管理者心中始终存在一种忧患意识，这也是他们在竞争激烈的市场中能不被眼前利益所迷惑并走在其他公司前面的主要原因。

第二十一章　理智应对，危机背后是转机

决策不但要正确，还要警觉

如果一面墙上的玻璃窗不知什么原因被人打碎了，并且长时间维持现状得不到维修，这就会成为一个信号，说明没人关心这个问题，过不了多久就会有更多的玻璃窗被人打碎。这就是所谓的"破窗"理论。这个现象给我们的启示是：管理者具备的警觉性对公司的生存与发展十分重要。

对于那些处在事业巅峰期的管理者而言，他们往往会觉得自己在商场上摸爬滚打多年之后积攒了不少经验，所以很容易过于自信，以至于在问题发生的时候意识不到潜藏在背后的危机。就像温水煮青蛙一样，管理者如果不重视公司经营过程中遇到的小问题，时间一长，它有可能变成难以解决的大问题，对公司的生存和发展产生极大的负面影响。

有学者认为，公司管理者必备的技能之一就是"警觉"，也就是能够对公司发展中其他人不能发现的问题具有很好的预见能力。这种警觉包括六点：对已经发生变化的环境的警觉；对被忽略的问题的警觉；对机遇的警觉；对未来发展趋势的警觉；对信息的警觉；对不利于自身利益的警觉。

警觉性对公司管理者来说是很重要的，它需要公司管理者制定完善、全面的经营发展战略，对潜藏的问题提高警惕，从而能在一定程度上将风险降至最低并减少公司的经济损失。细分的话，警觉性包括禀赋警觉和职业警觉。

禀赋警觉是指公司管理者自身具备的一种能力，也可以说是与生俱来的一种天赋，没有人能够模仿，因为它是独一无二的。人们常说某人是哪方面的"材料"，其实就是说他的这种禀赋能力。

迪克和莫里斯两个兄弟在加州开了一家烧烤餐馆，在经营中他们发现，很多顾客在用餐的时候都不愿意等待太久。于是，他们建立了麦当劳。此后，快餐渐渐走进了人们的视野，并很受大众的欢迎。这也让当时的很多人惊讶万分，原来快餐不是传说，它为顾客节省了时间，价格也很划算，是既方便又快捷的不二选择。

兄弟俩的生意越做越大，后来一个叫克罗克的销售商预感到了麦当劳的发展潜能，于是买下了它在美国的经营权。麦当劳的发展果真如他所料，很快蔓延到了美国全境。于是克罗克趁热打铁，买下了麦当劳的世界经营权。截至目前，每天都会有3000多万人光顾麦当劳。

麦当劳两兄弟的构想的确让人佩服，但克罗克更是一把抓住了机遇，正是因为他具有过人的警觉性并果断决定，才会有如此傲人的事业。

与禀赋警觉不同，职业警觉是因长期从事某种职业而形成的一种专业化的能力。关于职业警觉最经典的故事，很容易让人联想到美国罐头大王亚默尔。

在1875年的一天，亚默尔看到一条新闻，说的是在墨西哥牧场出现了生病的牲畜，有专家认为这很可能会引发一场瘟疫。而亚默尔想到的则是与墨西哥相邻的加利福尼亚和得克萨斯两个州的肉类供应基地很有可能因为政府防止瘟疫扩散导致肉类供应紧张，价格上涨。于是他赶紧从其他地区采购了大量的牲畜和肉类运往东部。果然，后来